Sören Kierkegaard
Der Einzelne und sein Gott

Herausgegeben und mit einem Vorwort versehen
von Christiane Beetz

Reihe ReligioSus, Band XIV

seVerus

Kierkegaard, Sören: Der Einzelne und sein Gott
Hamburg, SEVERUS Verlag 2012
Nachdruck der Originalausgabe von 1961

Reihe ReligioSus: Band XIV,
Herausgegeben von Christiane Beetz

ISBN: 978-3-86347-255-9
Druck: SEVERUS Verlag, Hamburg, 2012

Der SEVERUS Verlag ist ein Imprint der Diplomica Verlag GmbH.

Bibliografische Information der Deutschen Nationalbibliothek:
Die Deutsche Nationalbibliothek verzeichnet diese Publikation in der Deutschen Nationalbibliografie; detaillierte bibliografische Daten sind im Internet über http://dnb.d-nb.de abrufbar.

© **SEVERUS Verlag**
http://www.severus-verlag.de, Hamburg 2012
Printed in Germany
Alle Rechte vorbehalten.

Der SEVERUS Verlag übernimmt keine juristische Verantwortung oder irgendeine Haftung für evtl. fehlerhafte Angaben und deren Folgen.

seVerus

Vorwort der Herausgeberin
zur Reihe ReligioSus

Die Suche nach Antworten auf die Fragen ‚Wo komme ich her? Wo gehe ich hin? Warum gibt es mich?' sind elementarer Bestandteil unseres menschlichen Daseins. Religionen haben Menschen in jedem Zeitalter dabei geholfen, diese Fragen zu ergründen. Jede Religion hat dabei im Laufe der Jahrhunderte einen eigenen Weg gefunden, dem Sinn des Lebens nachzuspüren. Die monotheistischen Religionen Christentum, Islam und Judentum mit dem unsichtbaren, allgegenwärtigen Gott erklären die Erfüllung jeglicher Existenz mit der Anbetung des einen Gottes. Andere Religionen wie der Buddhismus oder der Konfuzianismus lehren ein Leben nach ethischen Grundsätzen, die weniger auf einem Glauben an einen einzigen Gott als auf philosophischen, humanistischen Ideen beruhen.

Religionen sind ein Spiegelbild der Menschheit in der Welt. Mit ihren jeweils ganz unterschiedlichen Ansätzen prägen Religionen die Kulturen, in denen sie gelebt werden. Sie beeinflussen das menschliche Handeln, Denken und Fühlen mit ihren Gottesvorstellungen oder Weltanschauungen. Oft genug gaben religiöse Auslegungen den Anlaß für kriegerische Auseinandersetzungen. Sie sind aber auch immer wieder ein Leitfaden für einen toleranten, menschenwürdigen Umgang mit dem Nächsten.

Frauen und Männer haben sich zu allen Zeiten mit den verschiedenen Glaubenslehren beschäftigt. Oft waren es tief gläubige Menschen, die ihre Erfahrungen mit dem Außergewöhnlichen aufgeschrieben haben. Aber auch kritische Auseinandersetzungen mit den Mißständen der Religionen gehören zur jeweiligen Epoche. Die Bücher all dieser Menschen sind Dokumente ihrer Zeit, sie geben Aufschluß über die Geschichte und Geschichten der Religionen.

Die Reihe „ReligioSus" hat es sich zur Aufgabe gemacht, längst vergessene Dokumente einem breiteren Publikum wieder zugänglich zu machen. Unabhängig von Religion und Einstellung zu derselben bieten die Bücher dieser Reihe einen generellen Einblick in die Welt der Religionen. „ReligioSus" vereint Werke, die sich auf unterschiedlichste Weise mit dem Phänomen Religion und deren Beeinflussung unserer Wertvorstellungen beschäftigen. Auf diese Weise soll mit „ReligioSus" die Vielfalt religiöser Dokumente, die die jeweiligen Fragen und Auseinandersetzungen ihrer Zeit aufgenommen haben, aufgezeigt werden.

Soweit möglich erfolgt ein originalgetreuer Nachdruck. Wo es notwendig erscheint, werden die Texte in das heutige Schriftbild übertragen. Eine inhaltliche Veränderung findet nicht statt.

Vorwort zum Buch

„Es kommt darauf an, meine Bestimmung zu verstehen, zu sehen, was Gott eigentlich will, das ich tun soll; es gilt eine Wahrheit zu finden, die Wahrheit für mich ist, die Idee zu finden, für die ich leben und sterben will."

Mit diesem Tagebucheintrag fasst der dänische Theologe und Philosoph Sören Kierkegaard seine immer wieder verarbeitete Denkweise und Lebenseinstellung zusammen.

Der 1813 in Kopenhagen geborene Kierkegaard wächst in einem strengen Elternhaus als Sohn eines reichen Wollhändlers auf. Sein Vater besitzt selbst keinerlei Schulbildung und ist dennoch zu ernsthaften Diskussionen mit großen Denkern der Stadt befähigt.

Schon früh allerdings muss Kierkegaard feststellen, dass die Frömmigkeit seines Vaters in der Realität keinen Bestand hat. Diese Erfahrung prägt die späteren Gedankengänge des jungen Mannes. Bereits mit 17 Jahren studiert der hochbegabte junge Kierkegaard Philosophie und Theologie, absolviert 1840 seine theologische Staatsprüfung und legt 1841 eine Dissertation zum „Begriff der Ironie" vor. Zur gleichen Zeit verlobt sich Kierkegaard mit Regine Olsen, löst diese Verlobung aber bereits nach einem Jahr wieder auf. Nicht, weil er eine andere Frau ehelichen möchte, sondern weil er tief in seinem Inneren die Berufung spürt, sein Leben ganz Gott zu widmen.

Fortan will er als Schriftsteller seinen Weg beschreiten. Seine erste veröffentlichte Schrift trägt den programmatischen Titel „Entweder-oder" und macht ihn berühmt. Diese und weitere seiner Schriften lösen aber nicht nur

Zustimmung aus. Das Satiremagazin „Der Korsar" überschüttet ihn mit beißendem Spott. Kierkegaard wehrt sich seinerseits erfolgreich mit polemischen Artikeln – die Zeitschrift wird 1846 eingestellt.

Im Jahr 1855 erliegt Kierkegaard einer Erkrankung. Sein Leiden dauert nur einen Monat.

Kierkegaard war ein besessener Schreiber. In seinen 37 Lebensjahren veröffentlichte er unzählige Bücher und Artikel. Häufig schrieb er gleichzeitig an mehreren Manuskripten. Dafür legte er die Papiere nebeneinander auf einen Tisch und schrieb, indem er den Tisch immer wieder umrundete, abwechselnd daran. Viele seiner Schriften veröffentlichte er unter einem Pseudonym, da er vom Inhalt der Texte nicht durch seinen Namen ablenken wollte. Kierkegaards Gedankengänge komprimiert zu beschreiben ist nahezu unmöglich, zu umfangreich ist sein Ideengerüst. Tief verwurzelt in seinem christlichen Glauben beschäftigte er sich unter anderem mit der Frage, ob es eine ‚objektive Wahrheit' gibt. Letztendlich verneint er dies mit dem Blick auf so große Denker wie Hegel, die mit ihren ausgefeilten Gedankensystemen scheitern, da diese Systeme in der Realität nicht umsetzbar sind:

> „Hätte Hegel seine ganze Logik geschrieben und im Vorwort betont, daß es sich nur um ein Gedankenexperiment handele, in dem er sich sogar an vielen Stellen um etwas gedrückt haben könne, dann wäre er wohl der größte Denker, der je gelebt hat. Nun aber ist er komisch."

Kierkegaard hatte ein enges Verhältnis zur Natur, zu Stille und Einsamkeit. Er wusste aber auch um die Gefahr der Depression, der er immer wieder ausgesetzt war. Kierkegaard verarbeitete diese Veranlagung, indem er sich eingehend mit der Idee des ‚Einzelnen' befasste:

Ein Christ kann nur wirklich Teil einer Gemeinde sein, wenn er erkennt, dass er nur als Einzelner bewusst und in Verantwortung für das eigene Leben vor Gott treten kann. Doch bedeutet das Dasein als Einzelner nicht gleich Einsamkeit. Jeder Mensch kann als Einzelner innerhalb der Gesellschaft leben und dort seine gesellschaftlichen Pflichten erfüllen.

Eine weitere Frage, die Kierkegaard beschäftigte, war die Vorstellung der Gleichzeitigkeit mit Gott – bzw. Jesus als Gottes Offenbarung unter uns Menschen. Nicht Tradition, Kultur oder Historie ist ausschlaggebend für das Christentum, sondern das gleichzeitige Sein mit Jesus. Nur dadurch können wir Gott gegenwärtig sein lassen. Und diese Vorstellung fordert den Einzelnen immer wieder auf, Stellung zu beziehen, sich immer wieder neu für Gott zu entscheiden. Und das ist ein immer wiederkehrendes Ereignis. Der Mensch wird wieder Subjekt seines Handelns, ist nicht nur Objekt in einem theoretischen System. Er ist jeweils nur das, was er in seiner Existenz verwirklicht.

Somit ist Kierkegaard ein Vertreter der Existenzphilosophie und -theologie. Aber eben nicht statisch gedacht, sondern sich entwickelnd. Kierkegaard vertritt die Ansicht, dass der Mensch sich in drei Stadien weiter entwickeln kann: Es beginnt im Ästhetischen Stadium, dem Zustand, in dem der Mensch noch ganz in der Unmittelbarkeit der sinnlichen Empfindungen existiert und sich noch nicht als Selbst erkennt. Im Ethischen Stadium beginnt der Mensch sich selbst zu reflektieren und nimmt Verantwortung in der Welt wahr. Allerdings setzt sich der Mensch in diesem Stadium noch nicht mit Gott als dem Grund seines Daseins auseinander, sondern existiert aus sich selbst heraus. Erst im Religiösen Stadium begreift er sich als ein Selbst, dessen Existenz sich von Gott her gründet. Hier greift wieder Kierkegaards Idee vom Einzelnen, der immer wiederkehrend seinen Glauben begründen muss.

In dem vorliegenden Buch beschäftigt sich Kierkegaard mit bedeutenden ‚Einzelnen' der Bibel, als Ergänzung auch mit Sokrates. Auch Jesus selbst wird von ihm in einem Abschnitt behandelt. Außerdem finden sich zwei ethisch-religiöse Abhandlungen, die sich u. a. mit dem Begriff der Wahrheit auseinander setzen.

Christiane Beetz, Herausgeberin

Christiane Beetz, geb. 1965 in Hamburg, studierte Germanistik, Religionswissenschaft und Alte Geschichte. Nach einigen Jahren im Buchhandel arbeitete sie als Lektorin. Außerdem ist sie ausgebildete Prädikantin und schreibt freiberuflich für die „Evangelische Zeitung".

SÖREN KIERKEGAARD

DER EINZELNE
UND
SEIN GOTT

INHALT

Der Einzelne und sein Gott

I

Der Einzelne 30
Abraham 43
Hiob 56
Sokrates 73
Paulus 92

II

Christus 107

III

Zwei ethisch-religiöse Abhandlungen

Darf ein Mensch sich für die Wahrheit totschlagen
lassen? 130
Über den Unterschied zwischen einem Genie
und einem Apostel 163

I

DER EINZELNE

In diesen Zeiten ist alles Politik. Die Anschauung des Religiösen ist eine davon himmelweit (toto coelo) verschiedene, sowie auch der Ausgangspunkt und das Endziel himmelweit (toto coelo) verschieden sind, insofern nämlich das Politische auf Erden beginnt, um auf Erden zu bleiben, während das Religiöse von oben seinen Ausgang nimmt, um das Irdische zu verklären und danach himmelwärts zu heben. Ein ungeduldiger Politiker, der sich allzu hastig daranmacht, in diese Blätter zu gucken, wird nur wenig finden, was seiner Erbauung dient: das soll wohl so sein; wenn er sich aber ein wenig Geduld auferlegen wollte: ich bin überzeugt davon, daß auch er, sogar aus den kurzen Andeutungen, die in diesen Blättern gemacht werden, darauf aufmerksam wird, daß das Religiöse eine verklärte Erläuterung davon ist, was ein Politiker, sofern er das Menschsein wirklich liebt und die Menschen liebt, in seinem glücklichsten Augenblick gedacht hat, ob er nun das Religiöse unpraktisch finden wird oder zu hoch und zu ideal.

Das kann zwar den Religiösen nicht stören, denn er weiß sehr wohl, daß das Christentum eine praktische Religion ist und so genannt wird, aber er weiß zugleich, daß „das Vorbild" und die hiernach regelmäßig gebildeten relativen Vorbilder, jedes besonders, mit ihren vieljährigen Anstrengungen, mit ihrer Arbeit, Uneigennützigkeit das erreichten, zu nichts zu werden in der Welt, verlacht, verhöhnt usw., was dann einem Politiker in höchstem Maße als unpraktisch vorkommen mag, obwohl sogar ein Heide, nämlich gerade der „praktische Philosoph" des Altertums, mit Leib und Seele ein erklärter Liebhaber *dieses* Unpraktischen gewesen ist.

Obschon „unpraktisch", ist das Religiöse doch die durch die Ewigkeit verklärte Wiedergabe des schönsten Traums der Politik. Keine Politik hat es vermocht, keine Politik vermag es, keine Weltlichkeit hat es vermocht, keine Weltlichkeit vermag es, bis in die letzte Konsequenz hinein diesen Gedanken zu realisieren und zu durchdenken: Menschlichkeit = Gleichheit. Daß vollkommene Gleichheit im Medium der „Welt = Gleichheit" realisiert werde, d. h., in dem Medium, dessen Wesen gerade die Unterschiedlichkeit ist, und daß sie „welt = gleich" verwirklicht werde, d. h., Unterschied schaffend, das ist ewig unmöglich, das kann man aus den Kategorien ersehen. Denn wenn man vollkommene Gleichheit erreichen wollte, müßte man „Weltlichkeit" ganz fortschaffen, und wenn vollkommene Gleichheit erreicht ist, so hat „Weltlichkeit" aufgehört; aber ist es dann nicht eine Art Wahnsinn, daß „Weltlichkeit" auf die Idee verfallen könnte, die vollkommene Gleichheit erzwingen zu wollen, und weltlich sie erzwingen zu wollen — in Weltlichkeit! Nur das Religiöse kann mit Hilfe des Ewigen bis ins Letzte Mensch = Gleichheit durchführen, die gottgemäße, die wesentliche, die nicht-weltliche, die wahre, die einzig mögliche „Mensch = Gleichheit"; und darum ist auch — es sei zu seiner Verherrlichung gesagt — das Religiöse die wahre Menschlichkeit.

Nur ein Wort noch; man möge es mir gestatten. Was die Zeit *fordert* — ja, wer möchte wohl damit fertig werden es aufzuzählen, jetzt, da durch eine Selbstentzündung, deren Ursache und Anlaß der Weltlichkeit weltliches Sichreiben an Weltlichkeit gewesen ist, die Weltlichkeit Feuer gefangen hat. Was hingegen die Zeit im tiefsten Sinne *braucht* — das läßt sich mit einem einzigen Wort erschöpfend sagen, sie braucht: Ewigkeit. Das Unglück unserer Zeit ist gerade, daß sie nur „Zeit" allein geworden ist, Zeitlichkeit, die ungeduldig nichts von der Ewigkeit hören will, dazu, wohlmeinend oder rasend, mit einer erkünstelten Nachahmung das Ewige ganz und gar überflüssig machen möchte, was doch in alle Ewigkeit nicht gelingen wird; denn je mehr man meint auf das Ewige verzichten zu können, um so mehr bedarf man im Grunde dieses Ewigen. — — —

Es gibt eine Anschauung vom Leben, welche meint, daß da, wo die Menge ist, auch die Wahrheit sei, daß es der Wahrheit selber ein Bedürfnis sei, die Menge für sich zu haben. — Vielleicht ist es doch am richtigsten, ein für allemal zu bemerken, was sich von selbst versteht und was ich freilich nie geleugnet habe, daß im Verhältnis zu allen zeitlichen, weltlichen, irdischen Zwecken die Menge ihre Gültigkeit haben kann, sogar ihre Gültigkeit als das Entscheidende, d. h. als Instanz. Aber hiervon rede ich ja nicht, sowenig als ich mich damit befasse. Ich rede von dem Ethischen, dem Ethisch-Religiösen, von „der Wahrheit" und davon, daß, ethisch-religiös betrachtet, die Menge die Unwahrheit ist, wenn sie als Instanz für das gelten soll, was „Wahrheit" ist. — Es gibt eine andere Anschauung vom Leben; sie meint, daß überall da, wo Menge ist, die Unwahrheit sei, so daß, um die Sache für einen Augenblick auf die äußerste Spitze zu treiben, gleich alle Einzelnen, jeder für sich, in der Stille die Wahrheit hätten, dennoch, wenn sie in Menge zusammenkämen (wenn die „Menge" irgendeine *entscheidende*, abstimmende, lärmende, laute Bedeutung bekäme), die Unwahrheit sofort zur Stelle wäre. — Vielleicht ist es doch am richtigsten, wenngleich es mir auch nahezu überflüssig erscheint, es eigens zu bemerken, daß es mir natürlich nicht einfallen könnte, dagegen etwas einzuwenden, daß zum Beispiel gepredigt werde oder „die Wahrheit" verkündet werde, wenn es sich vor einer Versammlung von hunderttausend so träfe. Nein, wenn es aber nur eine Versammlung von zehn wäre — und falls dann abgestimmt werden sollte, d. h. die Versammlung die Instanz sein sollte, die Menge den Ausschlag geben sollte: so ist die Unwahrheit da.

Denn „Menge" ist die Unwahrheit. Ewig, fromm, christlich gilt nämlich das, was Paulus sagt: „Nur einer gelangt zum Ziel", nicht vergleichsweise, denn im Vergleich sind ja doch „die andern" mit dabei. Das heißt, ein jeder kann dieser Eine sein, dazu wird Gott ihm helfen — aber nur Einer gelangt zum Ziel; und das wieder will besagen, ein jeder soll sich mit „den anderen" nur vorsichtig einlassen, wesentlich nur mit Gott und mit sich selber reden — denn nur Einer gelangt zum Ziel; und das wieder will besagen, der Mensch ist verwandt, oder das Menschsein ist Verwandtsein mit der Gottheit. — Weltlich, zeitlich, geschäftig, gesellig-freundschaftlich heißt das: „welch eine Ungereimtheit, daß nur Einer zum Ziele gelangt, es ist ja doch weit wahrscheinlicher, daß viele vereint zum Ziele gelangen; und wenn wir unser Viele werden, so wird es sicher und zugleich leichter für jeden Einzelnen". Ganz gewiß, es ist weit *wahrscheinlicher*; und es ist auch wahr für alle im Verhältnis zu irdischen und sinnfälligen Zielen; und es wird dann das einzig Wahre, wenn es frei walten und schalten darf, weil dann diese Betrachtung Gott und die Ewigkeit und die Verwandtschaft des „Menschen" mit der Gottheit abschafft, es abschafft oder in eine Fabel verwandelt und an ihre Stelle das Moderne setzt (was nichts anderes als das alte Heidentum ist); Menschsein heißt dann, als Exemplar einem mit Verstand begabten Geschlecht angehören, so daß das Geschlecht, die Art, höher ist als das Individuum, oder so, daß es nur Exemplare, keine Individuen gibt. — Aber die Ewigkeit, die sich hoch über der Zeitlichkeit erhebt, still wie der Himmel der Nacht, und Gott im Himmel, der von der Seligkeit dieser erhabenen Stille her, ohne daß es ihm auch nur im mindesten schwindelt, Überschau hält über diese unzähligen Millionen, und jeden Einzelnen kennt, er, der große Examinator, er sagt: nur Einer gelangt zum Ziel; das heißt, ein jeder soll dieser Eine werden, aber nur Einer gelangt zum Ziel. — Wo daher Menge ist, oder wo dem, daß Menge da ist, entscheidende Bedeutung beigelegt wird, *da* arbeitet nicht, da lebt nicht, da strebt nicht das höchste Ziel, sondern lediglich das eine oder andere irdische Ziel; denn für das Ewige kann, entscheidend, nur gearbeitet werden, wenn da Einer ist; und dieser Eine zu sein, zu dem alle werden können, heißt sich von Gott helfen lassen wollen — die „Menge" ist die Unwahrheit.

Menge — nicht diese oder jene, die jetzt lebende oder eine vergangene, eine Menge von Niedrigen oder von Vornehmen, von Reichen oder Armen usw., sondern als Begriff verstanden — ist die Unwahrheit, sofern Menge entweder völlige Reuelosigkeit oder Unverantwortlichkeit bedeutet, oder doch die Verantwortung für den Einzelnen dadurch schwächt, daß sie diese zu einer Bruchbestimmung macht. Sieh, da war ein einzelner Soldat, der es sich zutraute, Hand an Gaius Marius zu legen; das war die Wahrheit. Aber nur drei oder vier Frauenzimmer, mit dem Bewußtsein oder der Vorstellung, eine Menge zu sein, mit so einer Art Hoffnung oder Möglichkeit davon, daß niemand mit Bestimmtheit sagen könnte, wer es war oder wer angefangen hätte — die hätten Mut dazu gehabt; welch eine Unwahrheit! Die Unwahrheit besteht erstens darin, daß da „die Menge" etwas tut, was entweder nur der *Einzelne* in der Menge tut oder jedenfalls *jeder Einzelne* tut. Denn eine Menge ist ein Abstraktum, das keine Hände hat; jeder Einzelne dagegen hat normalerweise zwei Hände, und wenn er dann, der Einzelne, seine zwei Hände an Gaius Marius legt, so sind es diese des Einzelnen zwei Hände, doch wohl nicht die seines Nachbarn, noch weniger die — der Menge, die keine Hände hat. Sodann ist es die Unwahrheit, daß die Menge den „Mut" dazu hätte, da niemals selbst der Feigste unter allen Einzelnen so feige gewesen ist, wie es die Menge jeder Zeit ist. Denn jeder Einzelne, der sich in die Menge flüchtet und somit feige davor flieht, der Einzelne zu sein (der da entweder Mut hat, Hand an Gaius Marius zu legen, oder doch Mut, einzugestehen, er habe keinen Mut), er trägt seinen Teil Feigheit bei zur „Feigheit", die da heißt: Menge. — Nimm das Höchste, denk an Christus — und das ganze Menschengeschlecht, alle die Menschen, die geboren sind und je geboren werden; aber die Lage ist die der Einzelheit, daß man als Einzelner, in einsamer Umgebung mit Ihm allein, als Einzelner zu Ihm hintreten soll und auf Ihn speien; der Mensch ist nie geboren und wird nie geboren werden, der dazu Mut oder Frechheit besitzt; das ist die Wahrheit. Aber als sie zur Menge wurden, da hatten sie dazu Mut — furchtbare Unwahrheit!

Der Leser möge in der Erinnerung behalten, daß hier unter der „Menge" die „Menge" verstanden wird als rein formelle Begriffsbestimmung, nicht, was man sonst unter der „Menge" versteht, wenn dies vermeintlich zugleich eine Qualifikation sein soll, indem menschliche Selbstsucht die Menschen irreligiös einteilt in: „die Menge" — die Vornehmen und dergleichen. Gott im Himmel, wie sollte das Religiöse darauf verfallen, solch eine unmenschliche Gleichheit zu schaffen! Nein, „Menge" ist die Zahl, das Numerische; eine Zahl von Adligen, Millionären, Großwürdenträgern usw. — sobald das Numerische einwirkt, handelt es sich um „Menge", „die Menge".

Die Menge ist die Unwahrheit. Darum hat im Grunde niemand eine größere Verachtung für das Menschsein als der,

der es sich zur Profession gemacht hat, an der Spitze der Menge zu stehen. Laß zu so einem einen kommen, einen einzelnen Menschen — ei ja, was kümmert er sich darum; das ist viel zu wenig; stolz weist er ihn ab; es müssen mindestens hundert sein. Und wenn es Tausende sind, so neigt er sich vor der Menge, buckelt und macht einen Kratzfuß; welch eine Unwahrheit! Nein, wenn es ein einzelner Mensch ist, so soll man die Wahrheit dadurch ausdrücken, daß man das Menschsein respektiert; und wenn es vielleicht, wie man grausam sagt, ein einfältiger Mensch ist, so ist das, was man tun sollte, dies, man sollte ihn in seine beste Stube bitten, und wenn man mehrere Stimmen hat, die gütigste und freundlichste brauchen, das ist Wahrheit. Wenn hingegen eine Versammlung von Tausenden oder mehr da wäre und die „Wahrheit" wäre ein Gegenstand der Abstimmung, so wäre das, was man tun sollte, dies, man sollte gottesfürchtig — falls man es nicht vorzieht, in aller Stille die Bitte aus dem Vaterunser zu beten: erlöse uns von dem Übel —, man sollte gottesfürchtig zum Ausdruck bringen, daß die Menge als Instanz, ethisch und religiös, die Unwahrheit ist, indessen es ewig wahr ist, daß ein jeder der Eine zu sein vermag, das ist die Wahrheit.

Die Menge ist die Unwahrheit. Darum wurde Christus gekreuzigt, weil er, obgleich er sich an alle wandte, nichts mit der Menge zu tun haben wollte, weil er auf keinerlei Weise eine Menge zu Hilfe haben wollte, weil er in dieser Hinsicht unbedingt abweisend war, keine Parteien stiften wollte, keine Abstimmung zulassen, sondern das sein wollte, was er war, die Wahrheit, die sich zum Einzelnen verhält. — Und darum ist ein jeder, der in Wahrheit der Wahrheit dienen will, eo ipso auf die eine oder andere Weise Märtyrer; wäre es möglich, daß ein Mensch in seinem Mutterleib den Entschluß faßte, in Wahrheit „der Wahrheit" zu dienen, so wäre er eben dadurch schon, was im übrigen auch sein Martyrium werden möge, im Mutterleibe eo ipso Märtyrer. Denn eine Menge gewinnen ist noch nicht einmal eine so große Kunst; dazu gehört nichts als etwas Talent, eine gewisse Dosis Unwahrheit und ein bißchen Kenntnis von den menschlichen Leidenschaften, aber ein Wahrheitszeuge — ach, und das sollte ja ein jeder Mensch sein, auch Du und ich — darf sich nie mit der Menge einlassen. Der Wahrheitszeuge — der natürlich mit Politik nichts zu schaffen hat und um alles in der Welt mit äußerster Kraft darüber wachen muß, daß er nicht mit einem Politiker verwechselt werde —, der Wahrheitszeuge hat darin sein gottesfürchtiges Werk, sich einzulassen, wenn möglich, mit allen, aber stets einzeln, mit einem jeden besonders zu sprechen, auf Straßen und Gassen — um zu zerschneiden, oder zur Menge zu sprechen, nicht um Menge zu bilden, sondern damit der eine oder andere Einzelne heimgehen möge aus der Versammlung und der Einzelne werde. Die „Menge" aber, wenn sie sich als Instanz im Verhältnis zur „Wahrheit" versteht, ihren Spruch als den Spruch, verabscheut er, der Wahrheitszeuge, mehr als das züchtige junge Mädchen den Tanzboden, und die, welche zur Menge als einer Instanz reden, sieht er für Werkzeuge der Unwahrheit an. Denn, um es abermals zu wiederholen: was in der Politik und auf ähnlichen Gebieten mitunter ganz, mitunter zum Teil, seine Gültigkeit hat, das wird Unwahrheit, wenn es aufs Intellektuelle übertragen wird, auf das Gebiet des Geistes, auf das Gebiet des Religiösen. Und um einer vielleicht übertriebenen Vorsicht willen nur dieses noch: unter „Wahrheit" verstehe ich überall „ewige Wahrheit". Eine Politik aber und dergleichen hat mit „ewiger Wahrheit" nichts zu schaffen. Eine Politik, die im Sinne „ewiger Wahrheit" ernst damit machte, „ewige Wahrheit" „in die Wirklichkeit" hineinzubringen, würde in derselben Sekunde sich im allerhöchsten Maße als das „Unpolitische" im höchsten Grade erweisen, das sich denken läßt.

Menge ist die Unwahrheit, und ich könnte weinen, jedenfalls kann ich lernen, mich nach der Ewigkeit zu sehnen, wenn ich an das Elend unserer Zeit denke, auch wenn man es noch mit dem Schlimmsten des Altertums vergleicht, da ja Tagespresse und Anonymität es noch schlimmer treiben, um mit Hilfe des „Publikums", das eigentlich ein Abstraktum ist, die Forderung zu erheben, im Verhältnis zur „Wahrheit" die Instanz zu sein; denn Versammlungen, die diese Forderung erheben, finden wohl nicht statt. Daß ein Anonym mit Hilfe der Presse, tagaus tagein (auch im Hinblick auf das Intellektuelle, das Ethische und das Religiöse) gesagt bekommen kann, was er will, wovon er vielleicht persönlich in der

Situation der Vereinzelung nicht den entferntesten Mut hätte auch nur das Geringste zu sagen; jedesmal wenn er seinen — ja Mund kann man das nicht nennen — Rachen aufreißt, sich mit *einem Male* an tausendmal Zehntausende wenden kann; daß er zehntausendmal Zehntausende dahin bringen kann, das Gesagte nachzureden — und keiner hat die Verantwortung; daß noch nicht einmal wie im Altertum die relativ reuelose Menge das Allmächtige ist, sondern das absolut Reuelose: niemand, ein Anonym; der Autor, ein Anonym: das Publikum, zuweilen sogar anonyme Subskribenten, also: Niemand. Niemand! Gott im Himmel, und dabei nennen sich die Staaten sogar noch christliche Staaten. Man sage nicht, daß so ja wiederum „die Wahrheit" mit Hilfe der Presse die Lüge und den Irrtum einholen könne. O Du, der Du so redest, frage Dich selbst: getraust Du Dich zu behaupten, daß die Menschen in Menge genommen, ebenso hurtig dabei sind, die Wahrheit zu ergreifen, die nicht allezeit wohlschmeckend ist, wie nach der Unwahrheit zu greifen, die immer lecker bereitet ist, geschweige denn, wenn es obendrein sich mit dem Eingeständnis verbinden muß, daß man sich habe betrügen lassen! Oder getraust Du Dich auch nur zu behaupten, daß „die Wahrheit" sich ebenso hurtig verstehen läßt wie die Unwahrheit, die keine Vorkenntnisse erfordert, keine Schule, keine Zucht, keine Enthaltsamkeit, keine Selbstverleugnung, keine redliche Selbstbekümmerung, kein andächtiges Aber! Nein, „die Wahrheit", die auch die Unwahrheit verabscheut: als einzigem Ziele, daß sie zur Verbreitung komme, sie ist nicht so hurtig zu Wege. Fürs Erste kann sie nicht mit dem Phantastischen wirken, welches das Unwahre ist; der Mitteilende ist nur ein Einzelner; denn diese Lebensbetrachtung, der Einzelne, ist eben die Wahrheit. Die Wahrheit kann weder mitgeteilt noch empfangen werden außer gleichsam vor Gottes Auge, außer mit Gottes Hilfe, nur so, daß Gott dabei ist, er ist die Zwischenbestimmung, wie er die Wahrheit ist. Sie kann daher weder mitgeteilt noch empfangen werden außer vom „Einzelnen", der da lebt, um dessentwillen jeder ein einzelner Mensch sein kann; die Bestimmung ist nur die Wahrheit im Gegensatz zum Abstrakten, Phantastischen, Unpersönlichen, zu „Menge" — „Publikum", die Gott als Zwischenbestimmung und dadurch auch die Wahrheit ausschließen (denn der *persönliche* Gott kann nicht die Zwischenbestimmung sein in einem *unpersönlichen* Verhältnis); denn Gott ist die Wahrheit und ihre Zwischenbestimmung.

Und jeden einzelnen Menschen zu ehren, unbedingt jeden Menschen, das ist die Wahrheit und ist die Gottesfurcht und die „Nächsten"-Liebe; aber ethisch-religiös die „Menge" als Instanz im Verhältnis zur Wahrheit anzuerkennen, das heißt Gott leugnen und kann darum auch unmöglich „Nächstenliebe" sein. Und der „Nächste", das ist der absolut wahre Ausdruck für Menschen-Gleichheit; wofern ein jeder in Wahrheit den Nächsten wie sich selbst liebt, da wurde vollkommene Menschen-Gleichheit zum Ausdruck gebracht; ein jeder, der in Wahrheit den Nächsten liebt, drückt unbedingt die Menschen-Gleichheit aus; ein jeder, und ob er auch gleich mir gestehe, daß sein Streben schwach und unvollkommen sei, jeder, der darauf aufmerksam ist, daß es die Aufgabe ist, den Nächsten zu lieben, der ist auch darauf aufmerksam, was menschliche Gleichheit ist. Aber niemals habe ich in der Heiligen Schrift das Gebot gelesen: Du sollst die Menge lieben, schon gar nicht: Du sollst, ethisch-religiös, in der Menge die Instanz Deines Verhältnisses zur „Wahrheit" erkennen. Doch es versteht sich, seinen Nächsten lieben ist Selbstverleugnung, die Menge lieben oder so tun, als ob man sie liebte, sie zur Instanz für „die Wahrheit" machen, das ist der Weg, im Sinnenfälligen zur Macht zu kommen, der Weg zu allerhand zeitlichem und weltlichem Vorteil — zugleich ist es die Unwahrheit; denn „Menge" ist Unwahrheit.

Wer sich nun zu dieser Anschauung bekennt, die selten zum Vortrag kommt (denn es kommt öfter vor, daß ein Mann glaubt, die Menge sei die Unwahrheit, aber wenn dann die Menge nur en masse seine Meinung annehmen will, so ist alles richtig), der gesteht es ja selber ein, daß er schwach und ohnmächtig ist; wie vermöchte auch ein Einzelner wider die Vielen zu stehen, welche die Macht haben! Das könnte er denn wohl nicht wünschen, die Menge auf seine Seite zu bekommen, um die Anschauung durchzusetzen, daß die Menge, ethisch-religiös, als Instanz die Unwahrheit ist; das hieße ja seiner selbst spotten. Aber dergestalt ist diese Anschauung von Anfang an das Eingeständnis der Schwäche und Ohnmacht, und sie erscheint deshalb vielleicht so wenig einladend, und vielleicht hört man deshalb so selten von ihr: so hat sie das Gute, daß sie gleichmachend ist, daß sie niemanden kränkt, nicht einen Einzigen, daß sie keinen Unterschied macht, nicht mit einem Einzigen. Menge wird ja aus Einzelnen gebildet; es muß also in jedermanns Macht stehen, zu bleiben, was er ist, ein Einzelner; davon, ein Einzelner zu sein, ist niemand, niemand ausgeschlossen, außer dem, der sich selbst ausschließt, indem er wie Viele wird. Menge werden, Menge um sich sammeln ist hingegen die Lebensverschiedenheit; selbst der Allerwohlmeinendste, der davon spricht, kann leicht einen Einzelnen kränken, aber dann hat die Menge wieder Macht, Einfluß, Ansehen und Herrschaft — auch das ist Lebensverschiedenheit, die herrisch über den Einzelnen hinwegsieht wie über den Schwachen und Ohnmächtigen, zeitlich-weltlich über die ewige Wahrheit hinwegsieht: den Einzelnen.

„Der Einzelne" ist eine Kategorie des Geistes, der geistigen Erweckung, Politik ist ihr so entgegengesetzt wie nur möglich. Irdischer Lohn, Macht, Ehre usw. sind mit ihrer Anwendung nicht verbunden; denn selbst wenn sie im Interesse des Bestehenden gebraucht wird, Innerlichkeit interessiert die Welt nicht, und wenn sie katastrophisch gebraucht wird, sie interessiert die Welt dennoch nicht, denn Opferbringen, sich opfern lassen, was ja die Folge davon sein muß, daß sie nicht darauf sieht, Macht sinnlich werden zu lassen, das interessiert die Welt nicht. — — —

„Der Einzelne", das ist die christlich entscheidende Kategorie, und sie wird auch entscheidend für die Zukunft des Christentums werden. Die Grundverwirrung, die man den Sündenfall der Christenheit nennen könnte, ist: Jahr um Jahr, Jahrzehnt um Jahrzehnt, Jahrhundert um Jahrhundert, schleichend — beinah halb von sich nicht wissend, was sie wollte, und wesentlich von sich nicht wissend, was sie tat — das angestrebt zu haben, Gott das Eigentumsrecht am Christentum zu entwenden, und sich in den Kopf zu setzen, daß das Geschlecht, das Menschengeschlecht, selbst das Christentum erfunden habe oder doch so ungefähr das Christentum selbst erfunden habe. So wie im Staate, wenn ein Vermögen eine gewisse Anzahl von Jahren angestanden und kein

Eigentümer sich gemeldet hat, das Vermögen dem Staate verfällt — so hat das Geschlecht, verwöhnt, im trivialen Sinne darum zu wissen, daß das Christentum nun einmal da ist, etwa so gedacht: es ist nun schon lange her, daß Gott als Eigentümer und Herr etwas von sich hat hören lassen, somit ist das Christentum uns verfallen, mögen wir es nun ganz und gar abschaffen oder es ad libitum zurechtstutzen wollen als etwas, das so ungefähr unser Eigentum und unsere Erfindung ist, so behandelt man das Christentum nicht als das, was in der gehorsamen Unterwerfung unter Gottes Majestät geglaubt werden *soll*, sondern als etwas, das, um angenommen zu werden, sich umsehen muß, um mit Hilfe von „Gründen", „der Zeit", „dem Publikum" „diese geehrte Versammlung" usw. zufriedenzustellen. Jeder Aufruhr in der Wissenschaft — gegen Zucht, jeder Aufruhr im sozialen Leben — gegen Gehorsam, jeder Aufruhr im Politischen — gegen weltliches Regiment hängt zusammen mit und leitet sich her aus diesem Aufruhr des Geschlechtes gegen Gott in bezug auf das Christentum. Dieser Aufruhr — der Mißbrauch der Kategorie des „Geschlechtes" — erinnert übrigens nicht an den der Titanen, sondern ist ein Werk der *Reflexion*, ein schleichender Aufruhr, der sich von Jahr zu Jahr fortsetzt, von Geschlecht zu Geschlecht. Die Reflexion nimmt stets nur ein ganz kleines Stückchen auf einmal; und im Verhältnis zu diesem winzig kleinen Stückchen wird man stets sagen können „ja, in dieser Kleinigkeit kann man dann ruhig nachgeben" — bis dann die Reflexion alles genommen haben wird, worauf man nicht aufmerksam war, weil es klein nach Kleinem geschieht, „und in dieser Kleinigkeit kann man denn schon nachgeben". Darum müssen die Menschen Einzelne werden, um den christlich-pathetischen Eindruck vom Christentum zu empfangen; der Einzelne, jeder Einzelne, hütet sich recht wohl davor, mit Gott im Himmel darüber prozessieren zu wollen, wer von den beiden da unbedingt und bis zum allerkleinsten I-Tüpfelchen das Eigentumsrecht am Christentum habe. Gott muß zu Nutz und Frommen wieder die Zwischenbestimmung werden können; aber Gott als der Zwischenbestimmung entspricht „der Einzelne". Soll das „Geschlecht" die „Instanz" sein oder auch nur die Zwischeninstanz, so ist das Christentum abgeschafft, wenn nicht auf andere Weise, so durch die *verkehrte*, *unchristliche Gestalt,* die man der *christlichen* Mitteilung gibt. Nicht der klügste Polizist und der höchstbetraute Spion kann mit größerer Sicherheit für die Richtigkeit seines Rapports einstehen als ich, ein bescheidener Privatmann, ein Spion, sic placet, für die Richtigkeit des hier Gesagten einstehen will.

„Der Einzelne"; mit dieser Kategorie steht und fällt die Sache des Christentums, nachdem die Welt-Entwicklung so weit in Reflexion geraten ist, wie sie ist. Ohne diese Kategorie hat der Pantheismus schlechthin gesiegt. Es werden daher sicherlich die kommen, welche diese Kategorie dialektisch ganz anders anzuspannen wissen — sie haben auch keine Arbeit damit gehabt, sie hervorzuziehen —, aber die Kategorie „der Einzelne" ist und bleibt der feste Punkt, der Widerstand zu bieten vermag gegen pantheistische Verwirrung, er ist und bleibt das Gewicht, das zugelegt werden kann, nur daß die, welche mit dieser Kategorie arbeiten und vorgehen sollen, mehr und mehr dialektisch sein müssen im Verhältnis dazu, je größer und größer die Verwirrung wird. Denn im Verhältnis zu jedem Menschen, den man unter diese Kategorie bringen kann, kann man sich verpflichten, ihn zum Christen zu machen — soweit dies ein Mensch für einen anderen zu tun vermag —, und darum ist es richtiger, daß man dafür einsteht, daß er es werden wird. Als „der Einzelne" ist er allein, allein in der ganzen Welt, allein — Gott gegenüber: so geht es schon mit dem Gehorchen. Aller Zweifel (der, in parenthesi vermerkt, wo man nicht wissenschaftlich vornehmen Aufhebens von ihm macht, sondern ihn ethisch betrachtet, ob schlecht oder recht: der Ungehorsam richtet sich gegen Gott) hat seinen Ansatzpunkt zuletzt in dem Sinnesbetrug der Zeitlichkeit, daß man so ein Paarstück ist oder so schlechthin die ganze Menschheit, die zuletzt sogar Gott imponieren, selber Christus sein kann; und der Pantheismus ist ein akustischer Betrug, der die vox populi mit der vox dei verwechselt, ein optischer Betrug, ein aus den Dünsten der Zeitlichkeit entstehendes Nebelgebilde, eine aus ihrem Reflex entstehende Luftspiegelung, die das Ewige sein soll. Aber die Sache ist, dozieren kann man diese Kategorie nicht; es ist ein Können, eine Kunst, eine ethische Aufgabe und eine Kunst, deren Ausübung vielleicht zu ihrer Zeit das

Leben des Operateurs fordern könnte. Denn was göttlich das Höchste ist, das werden das eigensinnige Geschlecht und die Schar der Verwirrten als Majestätsverbrechen ansehen wider das „Geschlecht", die „Menge", das „Publikum" usw.

„Der Einzelne"; diese Kategorie ist nur einmal, ihr erstes Mal dialektisch gebraucht worden, entscheidend von Sokrates, um das Heidentum aufzulösen. In der Christenheit wird sie ein zweites Mal gerade umgekehrt zu brauchen sein, um die Menschen (die Christen) zu Christen zu machen. Es ist nicht die Kategorie für den Missionar im Verhältnis zum Heiden, denen er das Christentum verkündigt; sondern es ist die Kategorie für den Missionar dieser Christenheit selbst, um das Christentum in die Christenheit einzuführen. Wenn er, „der Missionar", kommt, wird er diese Kategorie brauchen. Denn sofern die Zeiten auf einen Heros warten, warten sie freilich vergebens; eher wird der kommen, der in göttlicher Schwachheit die Menschen Gehorsam lehrt — dadurch, daß sie in gottloser Empörung ihn totschlagen, der Gott Gehorsame, der mittlerweile, ob auch nach einem weit größeren Maßstabe, diese Kategorie brauchte — überdies mit „Vollmacht". Doch davon nichts weiter; ich bleibe dankbar, sowohl in dem einen wie in dem andern Sinne, der Vorsehung, was, wie man leicht sieht, in jeder Hinsicht unendlich untergeordnet ist: daß ich doch auf diese Kategorie *aufmerksam* mache.

ABRAHAM

Es war einmal ein Mann, der hatte als Kind jene schöne Erzählung vernommen, wie Gott Abraham prüfte und wie dieser die Probe bestand, den Glauben bewahrte und wider Erwarten zum zweitenmal einen Sohn bekam. Als er älter wurde, las er dieselbe Erzählung mit noch größerer Bewunderung; denn das Leben hatte getrennt, was einmal vereint gewesen war in der frommen Einfalt des Kindes. Je älter er wurde, um so öfter weilten seine Gedanken bei jener Erzählung, seine Begeisterung wurde stärker und stärker, und dennoch konnte er die Erzählung weniger und weniger verstehn. Zuletzt vergaß er darüber alles andere; seine Seele hatte nur den einen Wunsch, Abraham zu sehen, nur die eine Sehnsucht, Zeuge jener Begebenheit gewesen zu sein. Ihn verlangte nicht nach der Schönheit des Morgenlandes, nicht nach der irdischen Pracht des Gelobten Landes, nicht nach jenem gottesfürchtigen Ehepaar, dessen Alter Gott segnete, nicht nach der ehrwürdigen Gestalt des betagten Patriarchen, nicht nach der blühenden Jugend des von Gott geschenkten Isaak — seinetwegen hätte sich die Begebenheit auf einer unfruchtbaren Heide abspielen können. Sein einziges Begehren bestand darin, Abraham auf jener dreitägigen Reise zu begleiten, mit der Sorge voran und mit Isaak an seiner Seite. Sein Wunsch war, in jener Stunde zugegen zu sein, da Abraham seine Augen erhob und in der Ferne den Berg Morija erblickte, in jener Stunde, als er die Esel zurückließ und allein mit Isaak auf den Berg stieg; denn das, was ihn beschäftigte, war nicht ein kunstreiches Gewebe der Phantasie, sondern der Schauder des Gedankens.

Jener Mann war kein Denker, er hatte kein Bedürfnis über den Glauben hinauszukommen; ihm schien es das Herrlichste zu sein, in der Erinnerung als der Vater des Glaubens fortzuleben, ein beneidenswertes Los, den Glauben zu besitzen, auch wenn kein anderer davon wüßte.

Jener Mann war kein gelehrter Exeget, er verstand kein Hebräisch; hätte er Hebräisch verstanden, so hätte er die Erzählung von Abraham vielleicht unschwer verstanden.

I

Und Gott versuchte Abraham und sprach zu ihm: „Nimm Isaak, deinen einzigen Sohn, den du liebhast, und gehe hin in das Land Morija und opfere ihn daselbst zum Brandopfer auf einem Berge, den ich dir zeigen werde."
Es war in der Frühe des Morgens. Abraham stand zeitig auf, er ließ die Esel satteln, verließ sein Zelt, und Isaak zog mit ihm, aber Sara schaute ihnen nach, das Tal hinab, bis sie sie nicht mehr sah. Drei Tage lang ritten sie schweigend dahin, nicht einmal am Morgen des vierten Tages sagte Abraham ein Wort, aber er hob seine Augen auf und sah den Berg Morija in der Ferne. Er ließ die Knechte zurück und stieg allein mit Isaak an der Hand auf den Berg. Aber Abraham sagte zu sich selbst: „Ich will doch Isaak nicht verheimlichen, wohin dieser Gang ihn führt." Er blieb stehen, legte seine Hand segnend auf Isaaks Haupt, und Isaak beugte sich, den Segen zu empfangen. Aus Abrahams Angesicht sprach väterliche Liebe, sein Blick war milde, seine Worte mahnend. Aber Isaak konnte ihn nicht verstehen, seine Seele konnte sich nicht erheben; er umfaßte Abrahams Knie, er fiel ihm flehend zu Füßen, er bat um sein junges Leben für seine schönen Hoffnungen, er erinnerte an die Freuden in Abrahams Haus, er erinnerte an die Sorgen und die Einsamkeit. Da hob Abraham den Knaben auf und ging mit ihm an seiner Hand, und seine Worte waren voll Trost und Ermahnung. Aber Isaak konnte ihn nicht verstehen. Er bestieg den Berg Morija, aber Isaak verstand ihn nicht. Da wandte er sich einen Augenblick von ihm ab; aber als Isaak zum andern Male Abrahams Antlitz erblickte, da war es verändert, sein Blick war wild, seine Gestalt war Schrecken. Er faßte Isaak bei der Brust, warf ihn zu Boden und sagte: „Dummer Knabe, glaubst du, ich sei dein Vater? Ich hänge Abgöttern an. Glaubst du, es sei Gottes Befehl? Nein, es ist meine Lust." Da zitterte Isaak und rief in seiner Angst: „Gott im Himmel, erbarme dich meiner!

Abrahams Gott, erbarme dich über mich, habe ich keinen Vater auf Erden, so sei du mein Vater!" Aber Abraham sagte, still zu sich selbst: „Herr im Himmel, ich danke dir; es ist doch besser, daß er glaubt, ich sei ein Unmensch, als daß er den Glauben an dich verlieren sollte."

Wenn das Kind entwöhnt werden soll, dann schwärzt die Mutter ihre Brust, es wär ja auch schade, sähe die Brust lieblich aus, wenn das Kind sie nicht mehr bekommen darf. So glaubt das Kind, daß die Brust sich verändert habe, aber die Mutter ist ihm die gleiche, ihr Blick ist liebevoll und zärtlich wie immer. Wohl dem, der nicht entsetzlichere Mittel brauchen muß, um das Kind zu entwöhnen!

II

Es war in der Frühe eines Morgens, Abraham stand zeitig auf, er umarmte Sara, die Braut seines Alters, und Sara küßte Isaak, der die Schande von ihr genommen hatte, ihren Stolz, ihre Hoffnung auf viele Geschlechter. So ritten sie schweigend ihres Weges, und Abrahams Blick war auf die Erde gerichtet, bis zum vierten Tage, da hob er die Augen auf und sah von ferne den Berg Morija, aber sein Blick wandte sich wieder zur Erde. Schweigend legte er die Holzscheite zurecht, band Isaak, schweigend zückte er das Messer; da erblickte er den Widder, den Gott ausersehen hatte. Diesen opferte er und zog heimwärts.

Von dem Tage an wurde Abraham alt, er konnte nicht vergessen, daß Gott dies von ihm gefordert hatte. Isaak wuchs heran wie vorher; aber Abrahams Augen waren verdunkelt, er sah die Freude nicht mehr.

Wenn das Kind groß geworden ist und entwöhnt werden soll, dann verhüllt die Mutter jungfräulich ihren Busen, so hat das Kind keine Mutter mehr. Wohl dem Kinde, das nicht anders die Mutter verloren hat!

III

Es war in der Frühe des Morgens, Abraham stand zeitig auf; er küßte Sara, die junge Mutter, und Sara küßte Isaak, ihre Lust, ihre Freude für alle Zeiten, und Abraham ritt gedankenvoll des Weges, er dachte an Hagar und den Sohn, die er in die Wüste hinausjagte. Er bestieg den Berg Morija, er zückte das Messer.

Es war an einem stillen Abend, da ritt Abraham allein aus, und er ritt zum Berg Morija; er warf sich auf sein Angesicht nieder, er bat Gott, ihm seine Sünde zu vergeben, daß er Isaak hatte opfern wollen, daß der Vater seine Pflicht dem Sohn gegenüber vergessen hatte. Er ritt öfters einsam seines Weges, aber er fand keine Ruhe. Er konnte nicht begreifen, daß es eine Sünde war, daß er Gott das Beste hatte opfern wollen, das er besaß, das, wofür er gerne selber viele Male das Leben gelassen hätte; und falls es eine Sünde war, wenn er Isaak nicht so geliebt hätte, so konnte er nicht verstehn, daß diese vergeben werden konnte; denn welche Sünde war entsetzlicher?

Wenn das Kind entwöhnt werden soll, dann ist auch die Mutter nicht ohne Sorge, daß sie und das Kind mehr und mehr voneinander geschieden werden; daß das Kind, das erst unter ihrem Herzen lag, dann später an ihrer Brust geruht hatte, nicht mehr so nahe sei. Dann trauern sie gemeinsam jene kurze Trauer. Wohl dem, der das Kind so nahe behielt und der nicht mehr zu trauern braucht!

IV

Es war in der Frühe des Morgens, alles war in Abrahams Haus zur Reise bereit. Er nahm Abschied von Sara, und Elieser, der treue Begleiter, folgte ihm auf dem Wege, bis er wieder heimkehrte. Sie ritten einträchtig zusammen, Abraham und Isaak, bis sie zum Berg Morija kamen, Abraham aber bereitete alles zum Opfer, ruhig und mild, aber indem er sich abwandte und das Messer zückte, da sah er, Isaak, daß Abrahams Linke sich in Verzweiflung verkrampfte, daß ein Zittern durch seinen Körper ging — aber Abraham zückte das Messer.

Dann kehrten sie wieder heim, und Sara eilte ihnen entgegen, aber Isaak hatte den Glauben verloren. In der Welt ist darüber niemals ein Wort gesagt worden, und Isaak hat nie zu einem Menschen darüber gesprochen, was er gesehen hatte, und Abraham ahnte nicht, daß es jemand gesehen hatte.

Wenn das Kind entwöhnt werden soll, dann hat die Mutter jene stärkere Nahrung zur Hand, auf daß das Kind nicht umkommen soll. Wohl dem, der jene kräftigere Nahrung zur Hand hat!

Derart und in mancherlei ähnlicher Weise dachte jener Mann, von dem wir sprechen, über diese Begebenheit. Jedesmal, wenn er dann von einer Wanderung zum Berge Morija heimkehrte, sank er vor Müdigkeit zusammen, faltete seine Hände und sagte: „Keiner war doch so groß wie Abraham, wer ist imstande, ihn zu verstehn?"

Lobrede auf Abraham

Wenn nicht ein ewiges Bewußtsein in einem Menschen wäre, wenn allem nur eine wild gärende Macht zugrunde läge, die, sich in dunklen Leidenschaften windend, alles hervorbrächte, was es an Großem gibt und was es an Unbedeutendem gibt, wenn sich unter allem eine bodenlose Leere, niemals gesättigt, verbergen würde, was wäre dann das Leben anders als Verzweiflung? Wenn es sich so verhielte, wenn es kein heiliges Band gäbe, das die Menschheit zusammenknüpfte, wenn ein Geschlecht nach dem andern erstünde wie Blätter im Walde, wenn ein Geschlecht das andere ablöste wie der Vogelgesang im Walde, wenn das Geschlecht durch die Welt zöge, wie das Schiff durchs Meer zieht, der Wind durch die Wüste, ein gedankenloses und fruchtloses Geschehen, wenn ein ewiges Vergessen immer hungrig auf seine Beute lauerte und keine Macht stark genug wäre, sie ihm zu entreißen — wie leer und trostlos wäre dann das Leben! Aber darum ist es nicht so, und wie

Gott Mann und Weib erschuf, so hat er den Helden und den Dichter oder auch den Erzähler gebildet. Dieser kann nichts von dem tun, was jener tut, er kann den Helden nur bewundern, lieben, sich an ihm erfreuen. Doch auch der ist glücklich, nicht minder als der andere; denn der Held ist gleichsam sein besseres Wesen, in das er verliebt ist, froh darüber, daß er es doch nicht selber ist, daß seine Liebe Bewunderung sein kann. Er ist der Genius der Erinnerung, kann nichts tun, ohne daran zu erinnern, was getan ist, kann nichts tun, ohne zu bewundern, was getan ist; er nimmt nichts von seinem Eigenen, aber er ist neidisch auf das Anvertraute. Er folgt der Wahl seines Herzens, aber wenn er das Gesuchte gefunden hat, dann zieht er vor jedermanns Tür mit seinem Lied und mit seiner Rede, damit alle den Helden bewundern mögen wie er, stolz auf den Helden sein mögen, wie er es ist. Das ist sein Treiben, sein demütiges Wirken, das ist sein treuer Dienst im Hause des Helden, bleibt er solchermaßen seiner Liebe treu, streitet er Tag und Nacht mit den Ränken des Vergessens, die ihm den Helden ablisten wollen, dann hat er sein Wirken erfüllt, dann wird er mit dem Helden vereint, der ihn ebenso treulich geliebt hat. Denn der Dichter ist gleichsam des Helden besseres Wesen, kraftlos zwar, wie eine Erinnerung es ist, aber auch verklärt, wie eine Erinnerung es ist. Darum soll keiner vergessen sein, der groß gewesen ist, und dauert es auch einmal länger, nimmt die Wolke des Mißverständnisses den Helden auch einmal mit sich fort, sein Liebhaber kommt doch, und je mehr Zeit vergangen ist, desto getreuer hängt er ihm an!

Nein! Keiner soll vergessen werden, der in der Welt groß war; aber ein jeder war in seiner Weise groß, und ein jeder im Verhältnis zur Größe dessen, was er *liebte*. Denn wer sich selbst geliebt hat, wurde groß durch sich selbst, und wer andere Menschen geliebt hat, wurde groß durch seine Hingabe, aber wer Gott liebte, wurde größer als alle. Ein jeder soll im Gedächtnis fortleben, aber ein jeder wurde groß im Verhältnis zu seiner *Erwartung*. Der eine wurde groß, indem er das Mögliche erwartete; ein anderer, indem er das Ewige erwartete; aber wer das Unmögliche erwartet hat, wurde größer als alle. Ein jeder soll im Gedächtnis fortleben, aber ein jeder wurde groß im Verhältnis zur Größe dessen, womit er *gerungen* hat. Denn wer mit der Welt gerungen hat, wurde groß, indem er die Welt überwand, und wer mit sich selbst gerungen hat, wurde größer, indem er sich selbst überwand; aber wer mit Gott gerungen hat, wurde größer als alle. In dieser Weise wurde in der Welt gerungen, Mann gegen Mann, Einer gegen Tausend, aber wer mit Gott gerungen hat, war größer als alle. In dieser Weise wurde auf Erden gerungen: da war der, der alles durch seine Kraft überwand, und da war der, der Gott durch seine Ohnmacht überwand. Da war der, der auf sich selbst vertraute und alles gewann, da war der, der auf seine Stärke vertraute und alles opferte, aber wer auf Gott vertraute, war größer als alle. Da war der, der groß war durch seine Kraft, und der, der groß war durch seine Weisheit, und der, der groß war durch seine Hoffnung, und der, der groß war durch seine Liebe, aber Abraham war größer als alle, groß durch seine Kraft, deren Stärke Ohnmacht ist, groß durch jene Weisheit, deren Geheimnis Torheit ist, groß durch jene Hoffnung, deren Form Wahnsinn ist, groß durch jene Liebe, die Haß gegen sich selber ist.

Durch den Glauben verließ Abraham das Land seiner Väter und blieb Fremdling im Land der Verheißung. Er ließ Eines zurück, nahm Eines mit sich; er ließ seinen irdischen Verstand zurück, und er nahm den Glauben mit sich; sonst wäre er ja wohl nicht ausgewandert, sondern hätte gedacht, dies sei ja Widersinn. Durch den Glauben war er ein Fremdling im Land der Verheißung, und da gab es nichts, das ihn an das Liebgewonnene erinnerte, sondern alles verlockte durch seine Neuheit seine Seele zu wehmütiger Sehnsucht, und doch war er der Auserwählte Gottes, an dem der Herr Wohlgefallen hatte! Ja wäre er ein Verworfener gewesen, aus Gottes Gnade verstoßen, dann hätte er es eher fassen können, jetzt war es ja wie ein Spott über ihn und über seinen Glauben, da war in der Welt auch einer, der aus dem Land seiner Väter verbannt lebte, das er liebte. Er ist nicht vergessen, auch nicht seine Klagelieder, wenn er in Wehmut das Verlorene suchte und fand. Von Abraham gibt es kein Klagelied, es ist menschlich zu klagen, menschlich zu weinen mit den Weinenden, aber größer ist es zu glauben, seliger, den Gläubigen zu betrachten.

Durch den Glauben nahm Abraham die Verheißung entgegen, daß durch seinen Samen alle Völker der Erde gesegnet werden sollten. Die Zeit rann dahin, die Möglichkeit war da, Abraham glaubte; die Zeit rann dahin, es ward widersinnig, Abraham glaubte. Da war in der Welt der, der auch eine Erwartung hegte. Die Zeit rann dahin, der Tag neigte sich, er war nicht schnöde genug, seine Erwartung vergessen zu haben, darum soll er auch nicht vergessen werden. Da sorgte er sich, und die Sorge betrog ihn nicht, wie es das Leben getan hatte, sie tat alles für ihn, was sie konnte, in der Süßigkeit der Sorge war seine enttäuschte Erwartung ihm zu eigen. Es ist menschlich, sich zu sorgen, es ist menschlich, mit den Besorgten in Sorge zu sein, aber es ist größer zu glauben, seliger, den Gläubigen zu betrachten. Von Abraham besitzen wir kein Klagelied. Er zählte nicht wehmütig die Tage, während die Zeit verrann, er betrachtete nicht Sara mit argwöhnischen Blicken, ob sie nicht alt werde, er hielt nicht den Lauf der Sonne auf, daß Sara nicht altern solle und mit ihr seine Erwartung, bekümmert sang er nicht Sara seine wehmütige Weise vor. Abraham wurde alt, Sara zum Gespött des Landes, und doch war er der Auserwählte Gottes und Erbe der Verheißung, daß in seinem Namen alle Geschlechter der Erde gesegnet werden sollten. So wäre es ja besser, daß er nicht der Auserwählte Gottes wäre? Was ist das, der Auserwählte Gottes zu sein? Heißt das, in der Jugend den Wunsch der Jugend verweigert zu bekommen, um ihn sich mit großen Beschwernissen im Alter erfüllen zu lassen? Aber Abraham glaubte und hielt an der Verheißung fest; hätte Abraham geschwankt, dann hätte er sie dahingegeben. Er hätte zu Gott gesagt: „So ist es vielleicht doch dein Wille, daß es geschehen soll, so will ich meinen Wunsch fallenlassen; er war mein Einziges, er war meine Seligkeit. Meine Seele ist aufrichtig, ich hege keinen heimlichen Groll, weil du ihn mir versagt hast." Er würde nicht vergessen sein, er würde viele durch sein Beispiel erlöst haben, aber dann nicht der Vater des Glaubens geworden sein; denn groß ist es, seinen Wunsch aufzugeben, aber es ist größer, daran festzuhalten, nachdem man ihn aufgegeben hat; groß ist es, das Ewige zu ergreifen, aber größer ist es, am Zeitlichen festzuhalten, nachdem man es aufgegeben hat. — Dann kam die Fülle der Zeit. Hätte Abraham nicht geglaubt, dann wäre wohl Sara vor Kummer gestorben und Abraham in Gram abgestumpft, hätte er nicht die Erfüllung verstanden, sondern darüber gelächelt wie über einen Traum der Jugend. Aber Abraham glaubte, deshalb war er jung; denn wer immer das Beste erhofft, der wird alt, vom Leben betrogen, und wer immer auf das Ärgste vorbereitet ist, der wird frühzeitig alt; aber wer glaubt, der bewahrt eine ewige Jugend. Gepriesen sei darum jene Erzählung! Denn Sara, obgleich betagt, war noch jung genug, nach der Lust der Mutter zu verlangen, und Abraham, obgleich ergraut, war noch jung genug, sich zu wünschen Vater zu werden. Äußerlich liegt das Wunderbare darin, daß es nach ihrer Erwartung geschah, im tieferen Verstande liegt das Wunder des Glaubens darin, daß Abraham und Sara noch jung genug waren zu wünschen und daß der Glaube ihren Wunsch und damit ihre Jugend bewahrt hatte. Er empfing die Erfüllung der Verheißung, er empfing sie gläubig, und dies geschah nach der Verheißung und nach dem Glauben; denn Moses schlug den Fels mit seinem Stab, aber er glaubte nicht.

Da war Freude in Abrahams Haus, als Sara am Tage der goldenen Hochzeit noch wie eine Braut dastand.

Doch so sollte es nicht bleiben; noch einmal sollte Abraham versucht werden. Er hatte mit jener schlauen Macht gekämpft, die alles erfindet, mit jenem wachsamen Feind, der niemals schlummert, mit jenem alten Mann, der alles überlegt — er hatte mit der Zeit gekämpft und den Glauben bewahrt. Nun ward alle Schrecknis des Streits in einen Augenblick gesammelt. „Und Gott versuchte Abraham und sprach zu ihm, nimm Isaak deinen einzigen Sohn, den du liebhast, geh hin in das Land Morija und opfere ihn daselbst zum Brandopfer auf einem Berge, den ich dir zeigen werde."

So war nun alles verloren, schrecklicher, als wenn es nie geschehen wäre! So trieb nun der Herr seinen Spott mit Abraham! In wunderlicher Weise hatte er das Widersinnige wirklich gemacht, nun wollte er es wiederum zunichte gemacht sehen. Dies war ja eine Torheit, aber Abraham lachte nicht darüber wie Sara, als die Verheißung verkündet wurde. Alles war verspielt! Siebzig Jahre treuer Erwartung, die kurze Freude, als der Glaube in Erfüllung ging. Wer ist denn der, der dem Greis den Stab entreißt, wer, der da fordert, daß er ihn selbst zerbrechen soll! Wer ist der, der einem Menschen mit grauen Haaren den Trost wegnimmt, wer ist der, der fordert, daß er es selber tun solle! Gibt es kein Mitleid mit dem ehrwürdigen Greis, keins mit dem unschuldigen Kind! Und doch war Abraham der Auserwählte Gottes, und es war der Herr, der die Prüfung auferlegte. Alles sollte nun verloren sein! Das herrliche Gedenken des Geschlechtes, die Verheißung in Abrahams Samen, das war nur ein Einfall, ein flüchtiger Gedanke, den der Herr gehabt hatte, den Abraham sich nun aus dem Kopf schlagen sollte. Jener herrliche Schatz, der ebenso alt war wie der Glaube in Abrahams Herzen, viele, viele Jahre älter als Isaak, die Frucht von Abrahams Leben, geheiligt durch Gebete, in Kämpfen gereift — der Segen auf Abrahams Lippen, diese Frucht sollte nun zur Unzeit ausgerissen und ohne Bedeutung bleiben; denn welche Bedeutung hatte sie, wenn Isaak geopfert werden sollte! Jene wehmütige, aber dennoch selige Stunde, da Abraham Abschied nahm von allem, was ihm teuer war, da er noch einmal sein ehrwürdiges Haupt erheben sollte, da sein Antlitz strahlen sollte wie das des Herrn, da er seine ganze Seele in einem Segen sammeln sollte, der so mächtig war, um Isaak für alle Tage gesegnet zu machen — diese Stunde sollte nicht kommen! Denn Abraham sollte zwar von Isaak Abschied nehmen, aber so, daß er selbst zurückbliebe; der Tod sollte sie voneinander trennen, aber so, daß Isaak seine Beute würde. Der alte Mann sollte nicht im Tode froh seine Hände segnend auf Isaak legen, sondern, des Lebens müde, gewaltsam an Isaak Hand anlegen. Und es war Gott, der ihn prüfte. Ja wehe! Wehe dem Boten, der mit solcher Botschaft vor Abraham erschienen wäre! Wer hätte es wagen mögen, dieser Bote des Kummers zu sein. Aber es war Gott, der Abraham versuchte.

Doch Abraham glaubte und glaubte für dieses Leben. Ja hätte sein Glaube bloß einem Kommenden gegolten, dann hätte er wohl leichter alles von sich geworfen, um aus dieser Welt wegzueilen, der er nicht angehörte. Aber Abrahams Glaube war nicht von dieser Art, wenn es überhaupt einen derartigen gibt; denn eigentlich ist es nicht Glaube, sondern des Glaubens fernste Möglichkeit, die zuäußerst im Gesichtskreis ihren Gegenstand erahnt, jedoch abgeschieden durch einen klaffenden Abgrund, worinnen die Verzweiflung ihr Spiel treibt. Aber Abraham glaubte gerade für dieses Leben, daß er im Lande alt werden sollte, geehrt im Volke, gesegnet im Geschlecht, unvergeßlich in Isaak seinem Teuersten im Leben, den er mit einer Liebe umfaßte, für die es nur ein armseliger Ausdruck war, daß er getreulich die Pflicht des Vaters erfüllte, den Sohn zu lieben, wie es ja auch in der Verheißung mitverlautete: den Sohn, den du liebhast. Jakob hatte zwölf Söhne, und einen liebte er, Abraham hatte nur einen, den er liebte.

Aber Abraham glaubte und zweifelte nicht, er glaubte das Widersinnige. Hätte Abraham gezweifelt — dann würde er etwas anderes getan haben, etwas Großes und Herrliches; denn wie könnte Abraham etwas anderes tun, als was groß und herrlich ist! Er wäre hinausgezogen zum Berge Morija, er hätte das Brennholz gespalten, den Scheiterhaufen angezündet, das Messer gezückt — er hätte zu Gott gerufen: „Verschmähe nicht dieses Opfer, es ist nicht das Beste, das ich besitze, das weiß ich wohl; denn was ist ein alter Mann gegenüber dem Kind der Verheißung, aber es ist das Beste, das ich dir geben kann. Laß es Isaak nie erfahren, damit er sich mit seiner Jugend trösten kann." Er hätte das Messer in seine eigene Brust gestoßen, er wäre in der Welt bewundert worden, und sein Name würde nicht vergessen sein; aber eines ist es, bewundert zu werden, ein anderes, ein Leitstern zu werden, der den Geängstigten erlöst.

Aber Abraham glaubte. Er bat nicht für sich, daß er den Herrn bewegen möge, das geschah nur, als die gerechte Strafe über Sodoma und Gomorra erging, da trat Abraham mit seinen Bitten hervor.

Wir lesen in jenen heiligen Schriften: „Und Gott versuchte Abraham und sprach: ‚Abraham, Abraham,' wo bist du?', aber Abraham antwortete: ‚Hier bin ich.'" Du, an den sich meine Worte richten, war es in dieser Weise auch mit Dir? Wenn Du ganz von fern die schweren Schickungen sich nähern sahst, sagtest Du dann nicht zu den Bergen, bedecket mich, zu den Hügeln, fallet über mich? Oder warst Du stärker, bewegte sich nicht doch der Fuß langsam seines Weges, war es nicht, als wenn er sich nach der alten Spur zurück-sehnt? Wenn nach Dir gerufen wurde, antwortetest Du dann oder antwortetest Du nicht, vielleicht leise, und flüsternd? Nicht so Abraham, froh, freudig, voll Vertrauen, laut antwortete er: Hier bin ich. Wir lesen weiter: „Und Abraham stand in der Frühe des Morgens auf." Als gelte es ein Fest, so beeilte er sich, und in der Frühe des Morgens war er an der verabredeten Stelle, auf dem Berge Morija. Er sagte nichts zu Sara, nichts zu Elieser, wer hätte ihn auch verstehen können, hatte ihm nicht die Versuchung kraft ihres Wesens das Gelübde des Schweigens auferlegt? „Er spaltete das Brennholz, er band Isaak, er zündete den Scheiterhaufen an, er zückte das Messer." Mein Leser! Es hat manch einen Vater gegeben, der in seinem Kinde zu verlieren glaubte, was ihm das Teuerste auf Erden war, der jeder Zukunftshoffnung glaubte beraubt zu werden; aber es hat ja doch keines gegeben, das in dem Sinne Kind der Verheißung war, wie Isaak es für Abraham gewesen war. Es hat manch einen Vater gegeben, der sein Kind verlor, aber dann war es ja Gott, der unveränderliche und unerforschliche Wille des Allmächtigen, seine Hand nahm es. Nicht so mit Abraham. Ihm war eine schwerere Prüfung vorbehalten, und Isaaks Geschick war mit dem Messer in Abrahams Hand gelegt. Und er stand da, der alte Mann mit seiner einzigen Hoffnung! Aber er zweifelte nicht, er schaute nicht ängstlich nach rechts oder links, er forderte nicht durch seine Bitten den Himmel heraus. Er wußte, es war Gott der Allmächtige, der ihn versuchte, er wußte, es war das schwerste Opfer, das von ihm gefordert werden konnte; aber er wußte auch, daß kein Opfer zu schwer war, wenn Gott es forderte — und er zückte das Messer.

Wer stärkte Abrahams Arm, wer hielt seine Rechte aufrecht, daß sie nicht ohnmächtig niedersank! Der, der darauf blickt, wird gelähmt werden. Wer stärkte Abrahams Seele, daß ihm nicht schwarz vor seinen Augen wurde, so daß er weder Isaak noch den Widder sah! Der, der darauf blickt, wird blind werden. — Und doch selten genug ist vielleicht der, der lahm und blind wird, noch seltener der, der würdig berichtet, was dort geschehen war. Wir wissen es alle — es war nur eine Prüfung. Wenn Abraham, als er auf dem Berge Morija stand, gezweifelt hätte, wenn er sich ratlos umgesehen hätte, wenn er, bevor er das Messer zog, durch einen Zufall den Widder entdeckt hätte, wenn Gott ihm erlaubt hätte,

diesen anstelle von Isaak zu opfern — so wäre er heimgezogen, alles wäre das gleiche, er hätte Sara, er behielte Isaak, und doch wie verändert, denn sein Rückzug wäre eine Flucht, seine Rettung ein Zufall, sein Lohn Beschämung, seine Zukunft vielleicht Verdammnis. Dann hätte er weder Zeugnis für seinen Glauben noch für Gottes Gnade abgelegt, sondern dafür, wie schrecklich es ist, auf den Berg Morija zu ziehen. Dann würde Abraham nicht vergessen sein, auch nicht der Berg Morija, dieser würde dann nicht wie der Ararat genannt werden, wo die Arche landete, sondern genannt werden wie ein Entsetzen, weil es hier geschah, daß Abraham zweifelte.
Ehrwürdiger Vater Abraham! Als Du vom Berge Morija heimzogst, da bedurftest Du keiner Lobrede, welche Dich für das Verlorene trösten konnte; denn Du gewannst ja alles und behieltest Isaak, war es nicht so? Der Herr nahm ihn nicht mehr von Dir, sondern Du saßest froh zu Tisch mit ihm in Deinem Zelt, wie Du es droben tust in alle Ewigkeit. Ehrwürdiger Vater Abraham! Jahrtausende sind seit jenen Tagen vergangen, aber Du bedarfst keines späten Liebhabers, der Dein Gedächtnis der Macht des Vergessens entreißen kann; denn jede Zunge gedenkt Deiner — und doch lohnst Du Deinem Liebhaber herrlicher als Irgendeiner, Du machst ihn droben in Deinem Schoße selig, Du ziehst hier sein Auge und sein Herz durch das Wunderbare Deines Tuns in Bann. Ehrwürdiger Vater Abraham! Zweiter Vater des Geschlechtes! Du, der zuerst vernahm und von jener ungeheuren Leidenschaft zeugte, die den schrecklichen Kampf mit dem Rasen der Elemente und den Kräften der Schöpfung verschmäht, um mit Gott zu streiten, Du, der zuerst jene höchste Leidenschaft kennenlernte, den heiligen, reinen, demütigen Ausdruck für den göttlichen Wahnsinn, den die Heiden bewunderten — vergib dem, der zu Deinem Lobe sprechen wollte, wenn er es nicht richtig machte. Er sprach demütig, wie es seines Herzens Begehr war, er sprach kurz, wie es sich ziemt, aber er wird niemals vergessen, daß Du hundert Jahre brauchtest, um wider Erwarten im hohen Alter einen Sohn zu bekommen, daß Du das Messer zücken mußtest, bevor Du Isaak behieltest, er wird niemals vergessen, daß Du in hundertdreißig Jahren nicht weiter als bis zum Glauben gekommen bist.

HIOB

Der Herr hat's gegeben, der Herr hat's genommen, der Name des Herrn sei gelobt!

„Da stand Hiob auf, zerriß sein Obergewand, schor sich das Haupt, warf sich zur Erde nieder und betete an. Und er sprach: ‚Nackt kam ich hervor aus dem Schoße meiner Mutter, und nackt werde ich dorthin zurückkehren. Jahwe hat's gegeben, Jahwe hat's genommen; der Name Jahwes sei gepriesen!'" (Job 1, 20—21.)

Nicht bloß den nennen wir einen Lehrer, der durch eine besonders glückliche Gunst oder mit unermüdlicher Mühe und durchgreifender Ausdauer die eine oder andere Wahrheit entdeckte, das Erworbene als eine Lehre hinterließ, welche die folgenden Geschlechter zu verstehen und in diesem Verstehen sich anzueignen streben; sondern auch den, vielleicht in einem noch strengeren Sinne, nennen wir einen Lehrer der Menschheit, der nicht nur eine Lehre weiterzugeben hatte an andere, sondern dem Geschlecht sich selbst als ein Vorbild hinterließ, sein Leben als ein Leitbild für jeden Menschen, seinen Namen als eine Bürgschaft für Viele, seine Tat als eine Aufmunterung für die Versuchten. Ein solcher Lehrer und Wegweiser der Menschheit ist Hiob, dessen Bedeutung keineswegs in dem liegt, was er sagte, sondern in dem, was er getan hat. Wohl hat er eine Aussage hinterlassen, die durch ihre Kürze und Schönheit ein Sprichwort geworden ist, bewahrt von Geschlecht zu Geschlecht, und keiner hat vermessen etwas hinzugefügt oder etwas weggenommen; aber die Aussage selbst ist nicht der Wegweiser, und Hiobs Bedeutung liegt nicht darin, daß er sie sagte, sondern daß er danach handelte. Das Wort selbst ist wohl schön und des Überlegens wert, aber wenn ein andrer es gesagt hätte oder wenn Hiob ein anderer gewesen wäre, oder wenn er es bei einer anderen Gelegenheit gesagt hätte, so wäre auch das

Wort selbst ein anderes geworden, bedeutungsvoll, wenn anders es dies war, als ausgesagt ist, aber nicht bedeutungsvoll dadurch, daß er handelte, indem er es aussagte, daß die Aussage selbst eine Tat war. Wenn Hiob sein ganzes Leben daran verwandt hätte, dieses Wort einzuschärfen, wenn er es als die Summe und Vollendung dessen betrachtet hätte, was ein Mensch vom Leben lernen soll, wenn er es beständig bloß *von sich aus* gelehrt hätte, aber niemals selbst den Versuch gemacht hätte, danach zu handeln, indem er es aussagte, so wäre hier ein anderer, seine Bedeutung wäre eine andere. Es würde Hiobs Name vergessen sein, oder es würde doch gleichgültig sein, ob man von ihm wüßte, die Hauptsache wäre der Inhalt des Wortes, die Gedankenfülle, die in ihm läge. Wenn das Geschlecht das Wort angenommen hätte, dann wäre es das, was das eine Geschlecht dem andern übergäbe; während es jetzt dagegen Hiob selbst ist, der das Geschlecht begleitet. Wenn das Geschlecht ausgedient, sein Werk vollbracht, seinen Streit ausgekämpft hat, so hat es Hiob begleitet, wenn das neue Geschlecht aber mit seinen unüberschaubaren Reihen und der Einzelne in diesen auf seinem Platze bereitsteht, um die Wanderung zu beginnen, os ist Hiob wieder zur Stelle, nimmt seinen Platz ein, welcher ein Außenposten der Menschheit ist. Sieht das Geschlecht nur frohe Tage in glücklichen Zeiten, so folgt Hiob getrost mit, und wenn der Einzelne doch im Gedanken das Furchtbare erlebt, geängstigt wird durch die Vorstellung, was das Leben an Schrecken und Not bergen kann, daß niemand weiß, wann die Stunde der Verzweiflung für ihn schlägt, so sucht sein bekümmerter Gedanke hin zu Hiob, ruht in ihm, beruhigt sich durch ihn; denn er folgt getreulich mit und tröstet wohl nicht so, als hätte er ein für allemal gelitten, was nie wieder erlitten werden sollte, sondern tröstet wie der, der zeugt, daß das Furchtbare erlitten worden ist, daß das Entsetzliche erlebt wurde, daß der Kampf der Verzweiflung gekämpft worden ist, zu Gottes Ehre, ihm zur Rettung, andern zu Nutz und Freude. In frohen Tagen, in glücklichen Zeiten geht Hiob an der Seite des Geschlechts, und er sichert ihm seine Freude, bekämpft den angstvollen Traum, daß ein plötzlicher Schrecken einen Menschen überfallen könnte und Macht bekäme, seine Seele zu morden als seine sichere Beute. Nur der Leichtsinnige könnte wünschen, daß Hiob nicht mit dabei wäre, daß sein ehrwürdiger Name ihn nicht daran erinnern sollte, was er zu vergessen sucht, daß es Schrecknisse im Leben gibt und Angst; nur der Selbstsüchtige könnte wünschen, daß Hiob nicht da wäre, damit die Vorstellung von seinem Leiden mit ihrem strengen Ernst nicht seine gebrechliche Freude stören sollte, ihn aufschrecken aus seiner in Verhärtung und Verlorenheit berauschten Sicherheit. In sturmvollen Zeiten, wenn der Grund des Daseins wankt, wenn der Augenblick in angstvoller Erwartung dessen erbebt, was da kommen soll, wenn jede Erklärung beim Anblick des wilden Aufruhrs verstummt, wenn das Innerste des Menschen sich in Verzweiflung bindet und „in der Bitterkeit der Seele" zum Himmel schreit, dann geht Hiob noch an der Seite des Geschlechts und bürgt dafür, daß es ein Sieg ist, bürgt dafür, daß, wenn auch der Einzelne im Streit verliert, so doch ein Gott da ist, der, wie er jede Versuchung menschlich macht, selbst wenn ein Mensch in der Versuchung nicht bestände, doch ihren Ausgang so machen wird, daß wir ihn ertragen können, ja herrlicher als irgendeine menschliche Erwartung. Nur der Trotzige könnte wünschen, daß Hiob nicht da wäre, damit er seine Seele ganz von der letzten Liebe frei machen könnte, die doch noch im Klageschrei der Verzweiflung zurückblieb, damit er klagen könnte, ja das Leben so verfluchte, daß nicht einmal ein Mitlaut von Glauben und Zuversicht und Demut in seiner Rede wäre, damit er in seinem Trotz den Schrei ersticken könnte, daß es nicht einmal scheinen sollte, als wäre da einer, den er herausforderte. Nur der Schwächling könnte wünschen, daß Hiob nicht da wäre, damit er je eher je lieber jeden Gedanken fahren lassen könnte, jede Bewegung in der widerwärtigsten Ohnmacht aufgeben, sich selbst in der elendigsten und erbärmlichsten Vergessenheit auslöschen könnte. Das Wort, das, wenn es genannt wird, sofort an Hiob erinnert, das Wort, das, wenn Hiobs Name genannt wird, sofort lebendig werden und sofort in jedermanns Gedanken gegenwärtig werden läßt, ist ein einfältiges und simples Wort, es verdeckt keine heimliche Weisheit in sich, die von den Tiefsinnigen erforscht werden müßte. Wenn das Kind dieses Wort lernt, wenn es ihm als eine Mitgift anvertraut wird, von der es nicht erfaßt, wozu es sie gebrauchen soll, so versteht es das Wort, versteht wesentlich dasselbe dabei wie der Weiseste. Jedoch versteht das Kind es nicht, oder besser es versteht Hiob nicht, denn was es nicht faßt, ist all die Not und das Elend, in dem Hiob geprüft wurde. Davon kann das Kind nur eine dunkle Ahnung haben; und doch, wohl dem Kind, welches das Wort verstand und den Eindruck von dem bekam, was es nicht faßte, daß es das Furchtbarste von allem sei, und, ehe Sorge und Widerwärtigkeit seinen Gedanken verschlagen machen könnten, die überzeugende und kindlich lebendige Entscheidung besaß, daß es in Wahrheit das Furchtbarste war. Wenn der Jüngling seinen Gedanken diesem Worte zuwendet, so versteht er es und versteht wesentlich dasselbe dabei wie das Kind und wie der Weiseste. Jedoch versteht er es vielleicht nicht, oder besser: er versteht nicht Hiob, woher all die Not und das Elend kommen sollte, worin Hiob geprüft wurde; und doch wohl dem Jüngling, der das Wort verstand und demütig sich darunter beugte, was er nicht verstand, ehe Trübsal seinen Gedanken eigensinnig machte, als entdeckte er, was keiner zuvor gekannt hätte. Wenn der Ältere das Wort überlegt, so versteht er es, und versteht wesentlich dabei dasselbe, wie das Kind und wie der Weiseste. Er versteht auch die Not und den Kummer, worin Hiob geprüft wurde, und doch versteht er vielleicht Hiob nicht, denn er kann nicht verstehen, wie Hiob imstande war, es zu sagen; und doch, wohl dem Manne, der das Wort verstand und bewundernd festhielt, was er nicht verstand, ehe Kummer und Not ihn auch gegen Hiob mißtrauisch machten. Wenn der Geprüfte, der den guten Streit stritt, indem er des Wortes gedachte, es ausspricht, so versteht er das Wort und versteht dabei wesentlich, wie das Kind und wie der Weiseste, er versteht Hiobs Elend, er versteht, wie Hiob es sagen konnte. — Er versteht das Wort, er erklärt es, wenn er auch nie darüber redete, herrlicher als der, der ein ganzes Leben brauchte, um dieses Wort allein zu erklären.

Nur der Versuchte, der das Wort prüfte, indem er selbst geprüft ward, nur er erklärt das Wort richtig, nur einen solchen Schüler, nur einen solchen Erklärer wünscht Hiob, nur er lernt von ihm, was zu lernen ist, das Schönste und das Seligste, im Verhältnis zu dem alle andere Kunst oder Weisheit sehr unwesentlich ist. Darum nennen wir Hiob recht eigentlich einen Lehrer der Menschheit, nicht einzelner Menschen, weil er vor jeden sich als ein Vorbild stellt, jedem mit seinem herrlichen Beispiel winkt, jeden in seinen schönen Worten anruft. Während wohl zuweilen der Einfältigere, der weniger Begabte, oder der von Zeit und Umständen minder Begünstigte, wenn nicht in Neid, so doch in bekümmertem Mißmut Gabe und Gelegenheit sich wünschte, um es zu erfassen und sich darin vertiefen zu können, was die Weisen und Gelehrten zu verschiedenen Zeiten ergründet haben, eine Anziehungskraft in seiner Seele fühlte, selbst auch andere belehren zu können, und nicht immer bloß selbst die Belehrung entgegenzunehmen, so versucht Hiob ihn also nicht. Was sollte auch die menschliche Weisheit hier weiterhelfen; sollte sie vielleicht suchen, verständlicher zu machen, was der Einfältigste und das Kind leicht verstanden und ebensogut wie der Weiseste verstanden! Was sollte die Kunst der Beredsamkeit und die Macht des Wortes hier helfen; sollten sie imstande sein, in dem Redenden oder in irgendeinem anderen Menschen hervorzubringen, was der Einfältigste ebensogut vermag wie der Weiseste — die Tat! Sollte er nicht trotz menschlicher Weisheit alles schwieriger machen, sollte die Kunst der Überredung, die doch in all ihrer Herrlichkeit niemals auf einmal das Verschiedene auszusagen vermag, das auf einmal in eines Menschen Herzen wohnt, nicht eher die Kraft der Handlung betäuben und sie einschlummern lassen in weitläufiger Überlegung! Aber, ob dies nun auch feststeht und als eine Folge davon der Einzelne es zu vermeiden strebt, mit seiner Rede störend zwischen den Streitenden und das schöne Vorbild einzudringen, das jedem Menschen gleich nahe ist, daß er nicht durch die Vermehrung der Weisheit ihm auch den Gram mehre, und darauf achtet, daß er nicht sich selbst in prächtigen Worten menschlicher Überredung fange, welche unfruchtbar sind, so folgt daraus doch keineswegs, daß die Überlegung und die Entwicklung nicht ihre Bedeutung haben sollten. Wenn der Überlegende das Wort vorher nicht kennte, so wäre es ihm ja allezeit von Nutzen, daß er es kennenlernte; wenn er das Wort wohl kennte, aber keinen Anlaß in seinem Leben gehabt hätte, es zu prüfen, so wäre es ihm ja von Nutzen, wenn er verstehen gelernt hätte, was er vielleicht einmal gebrauchen sollte; wenn er das Wort geprüft, aber es betrogen hätte, wenn er auch meinte, daß es das Wort war, das ihn betrogen hatte, so wäre es ja von Nutzen, wenn er es noch einmal überlegte, ehe er in der Unruhe des Streites und in der Eile des Kampfes wieder die Flucht von dem Worte weg ergriff. Vielleicht könnte da die Überlegung einmal ihre Bedeutung für ihn bekommen, es könnte vielleicht geschehen, daß die Überlegung lebendig und gegenwärtig in seiner Seele bliebe, gerade wenn er sie brauchte, um die verwirrten Gedanken des unruhigen Herzens zu durchdringen, es könnte vielleicht geschehen, daß er die Überlegung nur stückweise verstanden hätte, sich auf einmal wiedergeboren im Augenblick der Entscheidung sammelte, daß die Überlegung in Vergänglichkeit säte, während er am Tage der Not im unvergänglichen Leben der Tat auferstand.

So wollen wir immer mehr danach streben, Hiob in seinen schönen Worten zu verstehen: *Der Herr hat's gegeben, der Herr hat's genommen, der Name des Herrn sei gelobt!* In einem Lande gegen Osten wohnte ein Mann, sein Name war Hiob, er besaß gesegnete Ländereien, zahllose Herden und fruchtbare Felder, „seine Rede hat die Gefallenen aufgerichtet und die bebenden Knie gekräftigt", in seinem Zelt war selig zu wohnen wie im Schoße des Himmels, und in diesem Zelt wohnte er mit sieben Söhnen und drei Töchtern, und bei ihm in diesem Zelt wohnte „das Geheimnis des Herrn". Und Hiob war ein alter Mann, seine Freude im Leben war die Freude an den Kindern, über die er wachte, daß sie ihnen nicht zum Verderben gereichen sollte. Da saß er eines Tages allein an seinem Herd, während seine Kinder zu einem Fest im Hause des erstgeborenen Bruders versammelt waren. Als er das Brandopfer geopfert hatte, für jedes besonders, da beschickte er auch sein Herz mit Freude im Gedanken an die Kinder. Wie er dasaß in der Freude stiller Sicherheit, da kam ein Bote, und ehe er ausgeredet hatte, kam ein anderer Bote, und während dieser noch redete, kam der dritte Bote, aber der vierte kam von seinen Söhnen und Töchtern, daß das Haus eingestürzt sei und sie alle begraben habe. „Da stand Hiob auf und zerriß seine Kleider und schor sich sein Haupt und fiel auf die Erde und betete an." Sein Leid brauchte nicht viele Worte, oder genauer, er sagte auch nicht ein einziges, nur seine Gestalt zeugte davon, daß sein Herz gebrochen sei. Könntest du es anders wünschen! Oder hatte der, der seine Ehre dareinsetzt, nicht trauern zu können am Tage des Leids, nicht seine Scham darin gehabt, auch nicht sich freuen zu können bei Gelegenheit der Freude? Oder ist der Anblick einer solchen Unveränderlichkeit nicht unerfreulich und unerquicklich, ja empörend, wenn es auch noch erschütternd ist, den ehrwürdigen Greis zu sehen, der eben noch in der Freude des Herrn mit seinem väterlichen Antlitz dasaß, nun hingeworfen auf der Erde mit zerrissenem Kleid und geschorenem Haupt! Als er nun so ohne Verzweiflung mit menschlichem Gefühl sich dem Leide hingegeben hatte, da war er hurtig, zu richten zwischen Gott und sich, und die Worte seines Urteils waren diese: „Nackt kam ich hervor aus dem Schoße meiner Mutter, und nackt werde ich dorthin zurückkehren." Hiermit war der Streit entschieden, und jede Forderung, die vom Herrn etwas verlangen wollte, was er nicht geben will, oder etwas zu behalten begehrt, als wäre es nicht gegeben, war in seiner Seele zum Schweigen gebracht. Dann folgt das Bekenntnis dieses Mannes, den nicht allein das Leid zur Erde geworfen hatte, sondern auch die Anbetung: „Der Herr hat's gegeben, und der Herr hat's genommen, der Name des Herrn sei gepriesen!"

Der Herr hat's gegeben, der Herr hat's genommen. Was hier zuerst die Überlegung anhält, ist das Wort Hiobs: „Der Herr hat's gegeben." Hat dieses Wort nicht mit dem Anlaß selbst etwas zu tun; enthält es nicht etwas anderes, als was in der Begebenheit selbst lag? Wenn ein Mann in einem Augenblick alles verlöre, was ihm teuer ist, und das Teuerste von allem verlöre, so wird der Verlust ihn vielleicht so überwältigen, daß er nicht einmal damit getröstet werden kann, ihn auszusagen, ob er auch in seinem Innersten mit Gott sich bewußt bleibt, was er alles verlor. Oder er wird den Verlust mit seinem zermalmenden Gewicht nicht auf seiner Seele ruhen lassen, sondern er wird ihn gleichsam von sich wälzen und in der Bewegung des Herzens sagen: Der Herr hat's genommen. Und auch dies ist wohl zu preisen und nachzuahmen, so dem Herrn in Schweigen und Demut zu Füßen zu fallen, auch ein Solcher rettete seine Seele im Streit, wenn er auch alle Freude verlor. Aber Hiob! In dem

Augenblick, wo der Herr alles nahm, sagt er nicht zuerst: Der Herr hat's genommen, sondern er sagt zuerst: Der Herr hat's gegeben. Das Wort ist kurz, aber es bezeichnet in seiner Kürze vollständig, was es bezeichnen soll, daß Hiobs Seele nicht zermalmt wurde in der stummen Unterwerfung des Leides, sondern daß sein Herz zuerst sich in Dankbarkeit ausweitete, daß der Verlust des ganzen zuerst ihn dankbar macht gegen den Herrn, daß er ihm all den Segen gegeben hatte, den er nun von ihm nahm. Es ging ihm nicht, wie Joseph voraussagte, daß in den sieben mageren Jahren all die Fülle, die in den sieben fruchtbaren war, ganz vergessen werden soll. Seine Dankbarkeit war wohl eine andere als in jener nun schon gleichsam längst entschwundenen Zeit, da er alle gute und alle vollkommene Gabe aus Gottes Hand mit Dankbarkeit annahm; aber doch war seine Dankbarkeit aufrichtig, wie die Vorstellung von Gottes Güte es war, die nun in seiner Seele lebendig ward. Nun erinnerte er sich an alles, was der Herr gegeben hatte, an einzelnes vielleicht sogar mit größerer Dankbarkeit, als da er es empfing; es war nicht weniger schön geworden, weil es weggenommen war, auch nicht schöner, sondern noch schön wie einst, schön, weil der Herr es gegeben, und was ihm nun schön erscheinen konnte, war nicht die Gabe, sondern Gottes Güte. Er gedachte des reichen Wohlstandes, sein Auge ruhte noch einmal auf den fruchtbaren Feldern, und er folgte den zahllosen Herden, er erinnerte sich, welche Freude es ist, sieben Söhne und drei Töchter zu haben, nun brauchte es kein Opfer außer das der Dankbarkeit dafür, daß er sie gehabt hatte. Er gedachte derer, die vielleicht noch mit Dankbarkeit sich seiner erinnerten, der Vielen, die er unterwiesen hatte, „deren zitternde Hände er gestärkt, deren bebende Knie er gekräftigt hatte". Er gedachte der Tage seiner Herrlichkeit, da er mächtig und angesehen im Volke war, „da die Jungen sich versteckten aus Ehrfurcht vor ihm, da die Alten vor ihm aufstanden und stehen blieben". Er erinnerte sich mit Dankbarkeit, daß sein Schritt nicht wankte auf dem Wege der Gerechtigkeit, daß er den Armen ein Helfer war, die klagten, und den Vaterlosen, die keine Hilfe hatten, und noch in diesem Augenblick war deshalb „der Segen des Verlassenen über ihm" wie vorher. Der Herr hat's gegeben, das ist ein kurzes Wort, doch für

Hiob bezeichnete es so viel; denn Hiobs Gedächtnis war nicht so kurz und seine Dankbarkeit nicht vergeßlich. Da ruhte die Dankbarkeit in seiner Seele mit ihrer stillen Wehmut, er nahm einen milden und freundlichen Abschied von allem zusammen, und in diesem Abschied verschwand alles das wie eine schöne Erinnerung, ja es schien, als wäre es nicht der Herr, der es nahm, sondern Hiob, der es ihm zurückgab. Indem deshalb Hiob gesagt hatte, der Herr hat's gegeben, war sein Sinn wohl vorbereitet, auch mit den nächsten Worten Gott zu gefallen: der Herr hat's genommen.

Vielleicht war da einer, der sich am Tage des Leides daran erinnerte, daß er frohe Tage gesehen hätte; da ward seine Seele noch ungeduldiger. „Hätte er nie die Freude gekannt, so würde der Schmerz ihn nicht überwältigt haben, denn was ist doch Schmerz anderes als eine Vorstellung, die er nicht hat, der nichts anderes kennt, aber nun hatte die Freude gerade ihn gebildet und entwickelt, den Schmerz so recht zu fühlen." Da blieb zu seinem eigenen Verderben die Freude bei ihm, sie war niemals verloren, sondern nur vermißt, und versuchte ihn im Verlust mehr als je. Was die Lust seiner Augen gewesen war, das begehrte das Auge wieder, und die Undankbarkeit in ihm strafte ihn dadurch, daß sie es schöner vorgaukelte, als es je gewesen war; woran seine Seele sich erfreut hatte, danach dürstete er nun, und die Undankbarkeit strafte ihn dadurch, daß sie es ihm köstlicher ausmalte, als es je gewesen war; was er einmal vermocht hatte, das wollte er nun wieder vermögen, und die Undankbarkeit strafte mit Traumbildern, die niemals Wahrheit gewesen waren. Da verdammte er seine Seele, lebendig sich auszuhungern im Verlust nie gesättigten Sehnens. — Oder es erwachte eine verzehrende Leidenschaft in seiner Seele, daß er nicht einmal die frohen Tage auf die rechte Weise genossen hatte, noch alle Süße aus ihrer wollüstigen Fülle saugte. Wenn ihm nur eine kleine Stunde noch vergönnt war, wenn er seine Herrlichkeit bloß eine kurze Weile wieder zurückbekäme, daß er an der Freude sich sättigen und dadurch Gleichgültigkeit gegen den Schmerz gewinnen könnte. So gab er seine Seele einer brennenden Unruhe hin, er wollte sich nicht selbst gestehen, ob der Genuß, den er begehrte, eines Menschen würdig wäre, ob er nicht eher Gott dafür danken müßte, daß seine Seele nicht so wild war in der Zeit der Freude, wie sie es jetzt geworden war; er wollte nicht bei dem Gedanken erschrecken, daß seine Begierde Gelegenheit zur Verlorenheit war; er wollte sich nicht darüber bekümmern, daß elender als all sein Elend der Wurm der Begierde in seiner Seele war, der nicht sterben wollte. — Vielleicht war da einer, der im Augenblick des Verlustes sich auch erinnerte, was er besessen hatte, aber sich vermaß, den Verlust verhindern zu wollen, indem er ihn sich verständlich machte. War es auch verloren, sein trotziger Wille sollte doch die Kraft behalten, es bei sich zu behalten, so als wäre es nicht verloren. Er wollte nicht streben, den Verlust zu tragen, sondern er wählte, seine Kraft in einem ohnmächtigen Trotz zu verspielen, sich selbst zu verlieren in einem wahnsinnigen Besitz des Verlorenen. Oder er entfloh im gleichen Augenblick feige jeder demütigen Bestrebung, im Verständnis mit dem Verlust zu bleiben. So öffnete die Vergessenheit ihren Abgrund nicht so sehr für den Verlust als für ihn, und er entging nicht so sehr dem Verlust in der Vergessenheit, als er sich selbst wegwarf. Oder er suchte lügnerisch das Gute zu betrügen, das ihm einmal geschenkt worden war, als wäre es niemals schön gewesen, hätte ihn niemals erfreut, er meinte seine Seele durch elenden Selbstbetrug zu stärken, als wäre da Kraft in der Unwahrheit. — Oder seine Seele ward ganz gedankenlos, und er überzeugte sich davon, daß sein Leben nicht so schwer sei, wie er es sich einbildete, daß seine Schrecken gar nicht so seien, wie sie beschrieben würden, nicht so schwer zu tragen, wenn man, wohl zu merken, wie er es tat, es nicht so schrecklich fand, ein Solcher zu werden. Ja wer könnte damit fertig werden, wenn er davon reden wollte, was oft genug geschehen ist und wohl oft genug sich in der Welt wiederholen wird; würde er nicht weit eher müde werden als die Leidenschaft, mit neuer und neuer Erfindsamkeit das Erklärte und das Verstandene zu neuer Täuschung zu verwandeln, in der sie sich selbst betrog! Lasset uns deshalb lieber zu Hiob zurückkehren. Am Tag des Leides, als alles verloren war, da dankte er zuerst Gott, der es gab, betrog weder Gott noch sich selber, und während alles erschüttert und umgestürzt war, blieb er dennoch, was er von Anfang an gewesen war, „redlich und recht gottesfürchtig". Er bekannte, daß des Herren Segen gnädig über ihm gewesen war, er dankte dafür, darum blieb es nun nicht bei ihm zurück wie eine Narbe der Erinnerung. Er bekannte, daß der Herr sein Tun reich und über alle Maßen gesegnet hatte, er dankte, darum blieb die Erinnerung nicht wie eine verzehrende Unruhe zurück. Er verbarg sich nicht vor sich selbst, daß alles von ihm genommen war, darum blieb der Herr, der es nahm, zurück in seiner aufrichtigen Seele. Er floh nicht den Gedanken, daß es verloren war, darum blieb seine Seele stille, bis die Erklärung des Herrn ihn wieder aufsuchte und seinen Sinn wie das gute Erdreich in Geduld wohlbestellt fand.

Der Herr hat's genommen. Sagte hier Hiob nicht etwas anderes, als was Wahrheit war, brauchte er nicht einen entfernteren Ausdruck dafür, das mit einem Näheren zu bezeichnen war? Das Wort ist kurz und bezeichnet den Verlust des Ganzen, es fällt uns natürlich jetzt zu, es ihm nachzusagen, da die Aussage selbst ja ein heiliges Sprichwort geworden ist; aber fällt es uns deshalb allezeit ebenso natürlich zu, Hiobs Gedanken damit zu verbinden? Oder waren es nicht die aus Saba, die seine friedlichen Herden überfielen und seine Knechte ermordeten, redete der Bote, der die Nachricht brachte, von etwas anderem? Oder war es nicht der Blitz, der die Schafe und ihre Hirten verzehrte, redete der Bote, der die Nachricht brachte, von etwas anderem, wenn er ihn auch das Feuer Gottes nannte? War es nicht ein großer Sturm von der Wüste her, der das Haus umstieß und seine Kinder begrub, nannte der Bote einen anderen Täter, oder nannte er einen, der den Sturm ausgesandt hatte? Dennoch sagte Hiob: Der Herr hat's genommen, und im gleichen Augenblick, wo er die Botschaft empfing, verstand er, daß der Herr es war, der alles genommen hatte. Wer klärte Hiob hierüber auf, oder war dies ein Zeichen seiner Gottesfurcht, daß er so alles auf den Herrn abwälzte, oder wer berechtigte ihn, es zu tun, und sind wir nicht frommer, wenn wir uns zuweilen lange bedenken, so zu reden?

Da war vielleicht einer in der Welt, der alles verlor. Da setzte er sich hin, zu überlegen, wie es doch zugegangen sei. Aber das Ganze blieb ihm unerklärlich und dunkel. Seine Freude verschwand wie im Traum, und die Bekümmernis blieb bei ihm wie ein Traum, aber wie er aus der Herrlichkeit jener in das Elend dieser geworfen war, das bekam er niemals zu wissen; es war nicht der Herr, der es genommen hatte, es war ein Zufall. Oder er überzeugte sich davon, daß es Trug und Hinterlist der Menschen war oder ihre offenbare Gewalt, die es ihm entrissen hatte, wie die aus Saba die Herden Hiobs und ihre Wächter erschlagen hatten. Da empörte sich seine Seele gegen die Menschen, er meinte, Gott Recht widerfahren zu lassen, indem er es ihm nicht zum Vorwurf machte. Er verstand ganz wohl, wie es geschehen war, und die nähere Erklärung, die er besaß, war, daß diese Menschen es getan hatten, und die entferntere Erklärung war, daß die Menschen böse und ihre Herzen verdorben seien. Er verstand, daß die Menschen seine Nächsten sind, um ihm zu schaden, vielleicht hätte er es auf eine ähnliche Weise verstanden, wenn sie ihm genützt hätten; aber daß der Herr, der fern im Himmel wohnt, ihm näher sein sollte als der Mensch, der ihm am nächsten war, ob dieser Mensch ihm nun Gutes oder Böses tat, von dieser Vorstellung war sein Gedanke weit entfernt. Oder er verstand ganz wohl, wie es zugegangen war, und wußte es mit der Beredsamkeit des Entsetzens zu beschreiben. Denn wie sollte er nicht verstehen, daß, wenn das Meer in seiner Wildheit rast, wenn es aufsteht gegen den Himmel selbst, die Menschen und ihre schwachen Hütten hingeworfen werden wie in einem Spiel, daß, wenn der Sturm in seinem Rasen vorwärtsstürzt, daß menschliche Arbeit nur ein Kinderspiel ist, wenn die Erde wankt in der Angst vor den Elementen und wenn die Berge seufzen, die Menschen und ihre herrlichen Werke wie ein Nichts im Abgrund versinken. Und diese Erklärung war ihm ausreichend, vor allem dazu, seine Seele gegen alles gleichgültig zu machen; denn wahr ist es, daß das, was auf Sand gebaut ist, nicht einmal ein Sturm umzustürzen notwendig ist, aber es war damals auch wahr, daß ein Mensch nicht anderswo bauen und wohnen und seine Seele retten kann! Oder verstand er, daß er es selbst verschuldet hatte, daß er nicht klug gehandelt hatte; hätte er zur Zeit richtig gerechnet, dann wäre es nicht geschehen. Und diese Erklärung erklärte alles, nachdem sie zuerst erklärt hatte, daß er sich selbst verfehlt und es sich selbst unmöglich gemacht hatte, etwas vom Leben zu lernen, und namentlich unmöglich, etwas von Gott zu lernen.

Doch wer könnte ein Ende finden, wenn er erzählen wollte, was geschehen ist und was wohl oft genug sich im Leben wiederholen wird? Würde er nicht eher müde werden zu erzählen, wie der sinnliche Mensch sich selbst zu betören sucht in scheinbaren und täuschenden und betrügerischen Erklärungen? Lasset uns deshalb von dem abkehren, wo nichts zu lernen ist, außer soweit wir nicht im voraus schon wußten, daß wir dieser Welt Unterricht verschmähen müßten, und zurückkehren zu ihm, von dem die Wahrheit zu lernen ist, zu Hiob und zu seinem frommen Wort: der Herr hat's genommen. Hiob führte alles auf den Herrn zurück; er hielt seine Seele nicht auf und löschte den Geist nicht mit Überlegungen oder Erklärungen aus, die doch nur Zweifel gebären und nähren, wenn auch der, welcher in ihnen ruht, es nicht merkt. Im selben Augenblick, wo es von ihm genommen war, wußte er, daß es der Herr war, der es genommen hatte, und darum blieb er im Verlust im Verständnis mit dem Herrn, bewahrte im Verlust das Vertrauen zum Herrn; er sah den Herrn und darum sah er nicht die Verzweiflung, oder sieht der allein Gottes Hand, der sieht, daß er gibt oder auch nicht gibt, der sieht, daß er nimmt? Oder sieht der allein Gott, der ihn sein Antlitz zu sich wenden sieht, oder sieht der nicht auch Gott, der ihn sich den Rücken kehren sieht, wie Moses ja beständig nur den Rücken des Herrn sah? Aber der, welcher Gott sieht, hat die Welt überwunden, und darum hat Hiob mit seinem frommen Wort die Welt überwunden, war in seinem frommen Wort größer und stärker und mächtiger als die ganze Welt, die ihn hier wohl nicht in Versuchung führen wollte, sondern überwinden mit ihrer Macht, ihn dazu bringen wollte, niederzusinken vor ihrer grenzenlosen Gewalt. Wie sind doch des Sturmes wilde Boten so schwach, ja fast kindisch, wenn sie einen Menschen zwingen wollen, vor ihm zu erzittern, indem sie ihm alles entreißen, aber er antwortete ihnen: Du bist es nicht, der es tut, es ist der Herr, der nimmt! Wie ist der Arm des Gewalttätigen so ohnmächtig, die Klugheit des Schlauen so elend, wie ist alle menschliche Macht fast nur ein Gegenstand des Mitleids, wenn sie den Schwachen in verzweifelte Unterwerfung stürzen wollte, indem sie ihm alles entreißen, und er dann glaubend sagt: Du bist es nicht, du vermagst es nicht, es ist der Herr, der es nimmt.

Der Name des Herrn sei gepriesen! Also überwand Hiob nicht bloß die Welt, sondern er tat, was Paulus seiner kämpfenden Gemeinde wünschte, er stand fest, nachdem er alles überwunden hatte (Eph. 6, 13). Ach, da war vielleicht einer in der Welt, der alles überwand, aber in dem Augenblick fiel, wo er gesiegt hatte. Der Name des Herrn sei gepriesen! Also blieb der Herr derselbe, und sollte er so nicht gepriesen werden wie allezeit? Oder hatte der Herr wirklich sich verändert? Oder blieb der Herr nicht in der Wahrheit derselbe, wie Hiob es blieb? Des Herren Name sei gepriesen! Also nahm der Herr nicht alles, denn die Lobpreisung nahm er nicht von dir, und den Frieden im Herzen, den Freimut im Glauben, von dem er ausging, das nahm er ihm nicht weg, sondern die Vertrautheit im Herrn war noch bei ihm wie früher, sie war vielleicht noch innerlicher als vorher; denn nun gab es ja nichts, das auf irgendeine Weise seine Gedanken von ihm wegziehen konnte. Der Herr nahm es alles, da sammelte Hiob gleichsam alles in eine Sorge „und warf sie auf den Herrn", und da nahm er auch die von ihm, und nur die Lobpreisung blieb zurück und in ihr die unvergängliche Freude des Herzens. Denn wohl ist Hiobs Haus ein Haus der Sorge, wenn je ein Haus das war, aber wo dieses Wort gesprochen wird: der Name des Herrn sei gepriesen, da hat doch auch die Freude ihr Heim; und wohl steht Hiob vor uns mit dem Ausdruck des Leides in seinem Antlitz und in seiner Gestalt, aber der, welcher dieses Wort sagt, gibt doch auch der Freude Zeugnis, wie Hiob es tut, wenn sein Zeugnis auch nicht an die Freude sich wendet, sondern an die Kümmernis, und redet noch verständlich zu den Vielen, die Ohren haben zu hören. Denn das Ohr des Bekümmerten ist auf eigene Weise gebildet, und wie das Ohr des Liebenden wohl viele Stimmen hört, aber eigentlich doch nur eine, die nämlich, die geliebt wird, so hört wohl auch das Ohr des Bekümmerten viele Stimmen, aber sie fahren vorbei und dringen nicht in sein Herz ein. Wie Glaube und Hoffnung ohne die Liebe doch nur ein öder Platz und eine klingende Schelle sind, so ist all die Freude, die in der Welt verkündigt wird, in welcher das Leid nicht mitgehört wird, nur tönend Erz und klingende Schelle, die das Ohr kitzelt, aber der Seele eine Widerwärtigkeit ist. Aber diese Stimme des Trostes, diese Stimme, die in Schmerz erbebt und doch Freude verkündet, sie hört das Ohr des Bekümmerten, sie birgt sein Herz, sie stärkt und leitet ihn zu sich selbst, um die Freude in der Tiefe des Leides zu finden. — Mein Leser, nicht wahr, du hast Hiobs Lobgesang verstanden, und er ist dir wenigstens im stillen Nachsinnen so schön vorgekommen, daß du darüber vergessen hast, was du auch nicht wünschtest, daß ich dich daran erinnern soll, was da wohl bisweilen in der Welt vom Tage der Not anstelle vom Lobpreis und Segenswunsch zu hören ist. So laß es denn vergessen sein, du willst ja ebenso ein wenig wie ich darum verdient sein, daß das Andenken daran wieder lebendig werden soll.

Wir haben von Hiob geredet und versucht, ihn zu verstehen in seinem frommen Wort, ohne daß deshalb die Rede sich einem aufdrängen wollte; aber sollte sie deshalb ganz ohne Bedeutung oder ohne Anwendung sein, und niemanden etwas angehen? Wenn du selbst versucht würdest wie Hiob und wie er die Prüfung beständest, so paßte sie ja gerade auf dich, wenn anders wir richtig von Hiob geredet haben. Wenn du bis jetzt in deinem Leben nicht versucht worden warst, so paßt sie ja für dich. Denkst du vielleicht, daß dieses Wort nur bei einer solchen außergewöhnlichen Begebenheit wie der, in die Hiob gestellt war, Anwendung findet; ist es vielleicht deine Erwartung, daß, wenn eine solche dich träfe, der Schrecken selbst dir diese Stärke geben, in dir diesen demütigen Mut entwickeln würde? Hatte nicht Hiob ein Weib, was lesen wir von ihr? Vielleicht meinst du, daß der Schrecken selbst nicht diese Macht über einen Menschen erlangen kann wie die tägliche Knechtschaft in weit geringeren Widerwärtigkeiten. So sieh du denn zu, daß du nicht der Knecht einer Drangsal wirst, ebensowenig wie der eines Menschen, und lerne von Hiob vor allem aufrichtig gegen dich selbst zu sein, daß du dich nicht betrügst mit eingebildeter Kraft, mit welcher du eingebildete Siege in eingebildetem Streit gewinnst. — Vielleicht sagst du, wenn der Herr das doch von mir genommen hätte, aber mir ward nichts gegeben; vielleicht meinst du, daß dies wohl keineswegs so furchtbar ist wie Hiobs Leiden, aber daß dieses Wort viel zehrender sei und also doch ein schwerer Streit. Wir wollen nicht mit dir streiten; denn selbst wenn dein Streit es wäre, wäre doch der Streit darüber unnütz und eine Steigerung der Schwierigkeit. Aber darin bist du ja wohl einig mit uns, daß du von Hiob lernen kannst, und wenn du gegen dich selbst redlich bist und die Menschen liebst, kannst du nicht wünschen, Hiob fahren zu lassen, um dich hinauszuwagen in bisher unbekannte Not und uns andere in der Unruhe zu halten, bis wir aus deinem Zeugnis lernen, daß auch in dieser Schwierigkeit ein Sieg möglich ist. So lerne du denn von Hiob zu sagen: der Name des Herrn sei gepriesen, das paßt ja für dich, wenn das Vorhergehende auch weniger paßte. — Oder meinst du vielleicht, daß dir so etwas nicht geschehen könnte? Bist du ein Weiser oder ein Verständiger, und ist dies dein Trost? Hiob war der Lehrer von Vielen. Bist du jung, und die Jugend deine Sicherheit? Hiob war auch jung gewesen. Bist du alt und dem Grabe nahe? Hiob war ein Greis, als das Leid ihn einholte. Bist du mächtig, ist das der Beweis deiner Befreiung? Hiob war angesehen im Volk. Ist Reichtum deine Sicherheit? Hiob besaß den Segen der Ländereien. Sind Freunde deine Bürgen? Hiob wurde von allen geliebt. Vertröstest du dich auf Gott? Hiob war der Vertraute des Herrn. Hast du diese Gedanken wohl überlegt, oder fliehst du sie nicht eher, daß sie dir nicht ein Geständnis abzwingen sollen, das du jetzt vielleicht eine schwermütige Stimmung nennst. Und doch ist da kein Versteck in der weiten Welt gefunden, wo der Kummer dich nicht finden wird, und doch hat nie dieser Mensch gelebt, der mehr zu sagen vermöchte, als du vermagst, daß du nicht weißt, wann das Leid dein Haus besuchen sollte. So sei du ernst gegen dich selbst, hefte dein Auge auf Hiob; wenn er dich auch erschreckt, das ist es ja nicht, was er will, wenn du selbst es nicht willst. Du könntest ja doch nicht wünschen, wenn du dein Leben überschaust und es dir abgeschlossen denkst, dieses Bekenntnis abgeben zu müssen: Ich war ein Glücklicher, der nicht war wie andere Menschen, der nichts erlitten hat in der Welt und der jeden Tag für sich selber sorgen oder besser nur neue Freuden bringen ließ. Ein solches Bekenntnis, selbst wenn es wahr wäre, würdest du dir doch nie wünschen, ja es würde deine eigene Beschämung enthalten; denn wenn du auch verschont worden wärest wie kein anderer, du würdest doch sagen: Wohl ward ich selbst nicht versucht, aber doch zagt mein Sinn oft ernst bei dem Gedanken an Hiob und bei der Vorstellung davon, daß kein Mensch Zeit noch Stunde weiß, wo die Botschaften zu ihm kommen sollen, die eine furchtbarer als die andere.

SOKRATES

Sokrates' Leben ist für den Beobachter wie eine großartige Pause im Gang der Historie: man hört ihn überhaupt nicht, eine tiefe Stille herrscht, bis sie von den vielen und sehr verschiedenen Schulen und den lärmenden Versuchen der Schüler unterbrochen wird, die ihren Ursprung von dieser verborgenen und geheimnisvollen Quelle herzuleiten unternehmen. Mit Sokrates stürzt der Strom der historischen Erzählung sich gleichwie der Strom Guadalquivir ein Stück unter die Erde, um mit erneuter Kraft wieder hervorzubrausen. Er ist wie ein Gedankenstrich in der Weltgeschichte, und das mangelnde Wissen von ihm, das seinen Grund im Mangel an Gelegenheit zu unmittelbarer Beobachtung hat, lädt nicht so sehr ein, an ihm vorbeizuspringen, sondern ihn mit Hilfe der Idee heraufzubeschwören, ihn in seiner idealen Gestalt sichtbar werden zu lassen, mit anderen Worten, uns den Gedanken bewußt zu machen, der die Bedeutung seiner Existenz in der Welt ist, den Moment in der Entwicklung des Weltgeistes, der symbolisch durch das Besondere seiner Existenz in der Historie bezeichnet wird; denn wie er selbst in einem gewissen Sinn in der Historie ist und doch wieder nicht ist, so ist es seine Bedeutung in der Entwicklung des Weltgeistes, zu sein und doch nicht zu sein, oder nicht zu sein und doch zu sein: er ist das Nichts, mit dem jedoch begonnen werden muß. Er ist nicht; denn er ist nicht für die unmittelbare Auffassung, dem entspricht im geistigen Sinn die Negierung der Unmittelbarkeit der Substantialität; er ist, denn er ist für den Gedanken, und dem entspricht in der Welt des Geistes das Hervortreten der Idee, doch wohlgemerkt, ihre abstrakte Form, ihre unendliche Negativität; insofern ist seine Existenzform in der Historie eine nicht vollkommen adäquate bildliche Bezeichnung seiner geistigen Bedeutung. Hiermit kann natürlich für den ersten Teil dieser Abhandlung via negationis nicht gemeint sein, daß man Sokrates aus seinem historischen Zusammenhang herausreißen soll, so wie es für den letzten Teil der Abhandlung via eminentiae zu versuchen ist ihn festzuhalten. Auch kann natürlicherweise nicht gemeint sein, daß Sokrates so göttlich wäre, um auf der Erde nicht festen Fuß fassen zu können, mit solchen Personen ist dem Historiker, der sagenhaft und betagt geworden ist, ebensowenig gedient wie dem indischen Mädchen mit solchen Liebhabern. — In der Episode Nala aus dem Gedichte Mahabharata wird erzählt, wie eine Jungfrau in ihrem 21. Jahre, in dem Alter, in welchem die Mädchen selbst das Recht haben, einen Mann zu wählen, unter ihren Freiern sich einen aussucht. Es sind ihrer fünf, die Jungfrau bemerkt aber, daß vier nicht fest auf ihren Füßen stehen, und schließt ganz richtig daraus, daß es Götter sind. Sie wählt also den fünften, der wirklicher Mensch ist. Vgl. Hegel, Philosophie der Gesch., S. 185: „Sokrates ist aber nicht wie ein Pilz aus der Erde gewachsen, sondern er steht in der bestimmten Kontinuität mit seiner Zeit", sagt ein gewisser Mann; aber trotz dieser Kontinuität muß man sich doch daran erinnern, daß er sich nicht absolut aus seiner Vergangenheit erklären läßt, daß in ihm, wenn man ihn in gewissem Sinne als eine Konklusion aus den Prämissen der Vergangenheit ansehen will, mehr ist, als was in den Prämissen lag, das Ursprüngliche, das notwendig ist, damit er in Wahrheit zu einem Wendepunkt werden konnte. Dies hat Platon an mehreren Stellen ausgedrückt, indem er sagt, daß Sokrates ein göttliches Geschenk war. Dies sagt auch Sokrates selbst in der Apologie § 30 D: „Daher bin ich auch jetzt, ihr Athener, weit entfernt, um meiner selbst willen mich zu verteidigen, wie einer wohl denken könnte, sondern um euretwillen, damit ihr nicht gegen Gottes Gabe an euch etwa sündigt durch meine Verurteilung", und 31 A: „Wie mich der Gott dem Staate als einen solchen zugelegt zu haben scheint". Dieser Ausdruck, *daß Sokrates ein göttliches Geschenk war*, ist nun gewiß besonders bezeichnend, indem er sowohl darauf hindeutet, daß er ganz für seine Zeit paßte, denn wie sollten die Götter nicht gute Gaben geben; und er erinnert dabei zugleich daran, daß er mehr war, als was die Zeit sich selber geben konnte.

Aber da Sokrates einen Wendepunkt abgibt, so wird es

notwendig, die Zeit vor ihm und die Zeit nach ihm zu betrachten.

Hier eine Darstellung vom *Verfall des athenischen Staates* zu geben erscheint mir ziemlich überflüssig, und darin wird mir gewiß auch ein jeder recht geben, der nicht von dem Wahnwitz befangen ist, woran ein großer Teil jüngerer Wissenschaftsverehrer zu leiden scheint, einem Wahnwitz, der sich, nicht komisch, sondern tragisch, in dem beständigen Wiedererzählen derselben Historie äußert. — — —

Nur soviel sei bemerkt: Athen erinnert in dieser Periode in mancher Hinsicht an das, was Rom in einer späteren Zeit war. Athen war in geistiger Hinsicht das Herz des griechischen Staates. Daher strömte jetzt, da das Griechentum sich seiner Auflösung näherte, alles Blut mit Heftigkeit in die Herzkammer zurück. Alles sammelte sich in Athen, Reichtum, Luxus, Üppigkeit, Kunst, Wissenschaft, Leichtsinn, Lebensgenuß — „Wo immer ein Aas ist, da sammeln sich die Adler" (Matth. 24, 28) — kurz alles, was, indem es den Untergang beschleunigte, zugleich dazu dienen konnte, ihn zu verherrlichen und eines der glänzendsten Schauspiele zu beleuchten, das man sich in geistiger Hinsicht denken kann. Es ist eine Unruhe im athenischen Leben, ein Herzklopfen, das darauf hindeutet, daß die Zeit der Auflösung nahe ist. Aber was so zur Bedingung für den Untergang des Staates wurde, erweist sich von der anderen Seite her als etwas, was von unendlicher Bedeutung für das neue Prinzip ist, das hervortreten soll, und die Auflösung und Verwesung wird daher gerade zum fruchtbaren Boden des neuen Prinzips. *Das böse Prinzip* im griechischen Staat war nun *die Willkürlichkeit* der endlichen Subjektivität (d. h. der unberechtigten Subjektivität) in ihren mannigfachen, buntscheckigen Erscheinungsformen. Nur *eine dieser Formen* soll hier Gegenstand näherer Untersuchung werden, und zwar die der *Sophistik*. Diese ist nämlich der Kobold, der auf dem Gebiet des Denkens haust, und ihr Name ist Legion. Mit diesen Sophisten haben wir es zu tun, und in ihnen hatte Sokrates die Gegenwart oder Vergangenheit, die vernichtet werden sollte. Wir wollen sehen, wie sie beschaffen war, und dann erwägen, wie Sokrates gewesen sein muß, um sie recht gründlich vernichten zu können. Mit den Sophisten beginnt die Reflexion, und insofern hat

Sokrates immer etwas mit ihnen gemein, und man könnte im Verhältnis zu Sokrates die Sophisten als falsche Messiasse bezeichnen. — — —

Von *dieser Positivität* also, die in theoretischer Hinsicht ebenso fad war, wie sie in praktischer Hinsicht verderblich war, das war es also, wovon Griechenland befreit werden sollte. Damit dies aber in heilsamer Weise geschehen konnte, war eine Radikalkur notwendig, und dazu war es nötig, daß die Krankheit die Freiheit erhielt, sich auszurasen, daß keine Disposition für sie im Körper zurückblieb. Diese Sophisten waren nun Sokrates' Erbfeinde, und fragen wir, wie er beschaffen sein mußte, um sie recht in den Griff bekommen zu können, so ist es kaum anders möglich, als sich einen Augenblick in die Freude über den Sinngehalt zu verlieren, den es in der Welthistorie gibt, denn Sokrates und die Sophisten sind, wie man sagt, füreinander geschaffen nach einem Maßstab, wie man ihn nur selten findet. *Sokrates* ist so *ausgerüstet* und *bewaffnet*, daß es unmöglich zu verkennen ist, daß er *in den Streit mit den Sophisten* geht. Hätte Sokrates eine Positivität geltend zu machen gehabt, so wäre eine Folge davon gewesen, daß er und die Sophisten einander nach dem Munde geredet hätten, denn die Weisheit der Sophisten war ebenso tolerant wie die Gottesfurcht der Römer und hatte nichts dagegen, daß es einen Sophisten, eine Butike mehr gab. Aber so sollte es nicht sein. Das Heilige sollte nicht eitel genommen werden, der Tempel mußte erst gereinigt werden, bevor das Heilige wieder darin Platz nehmen wollte. Die Wahrheit fordert Schweigen, bevor sie ihre Stimme erheben will, und dieses Schweigen sollte Sokrates zustande bringen. Daher war er *nur negativ*. Und hätte er eine Positivität gehabt, so wäre er nie so unbarmherzig, nie ein solcher Menschenverächter geworden, wie er es war und wie er es notwendig sein mußte, um seine Mission in der Welt nicht zu verfehlen. *Hierzu* war er auch *gerüstet*. Konnten die Sophisten auf alles antworten, so konnte er fragen; wußten die Sophisten alles, so wußte er gar nichts; konnten die Sophisten ohne Aufhören reden, so konnte er schweigen, d. h., er konnte sich unterreden. — Die Geschwätzigkeit und langen Reden der Sophisten sind gleichsam eine Bezeichnung für ihre Positivität, in deren Besitz sie waren. — War der Aufzug der Sophisten pompös und anspruchsvoll, so war Sokrates' Auftreten still und bescheiden; war der Wandel der Sophisten üppig und genußsüchtig, so war der seine bescheiden und enthaltsam; war das Ziel der Sophisten Einfluß im Staate, so war Sokrates nicht geneigt, sich mit den Angelegenheiten des Staates zu befassen; war der Unterricht der Sophisten unbezahlbar, so war der des Sokrates es im umgekehrten Sinne auch; war es der Wunsch der Sophisten, zuoberst am Tische zu sitzen, so war Sokrates damit zufrieden, zuunterst zu sitzen; wünschten die Sophisten für etwas zu gelten, so wollte Sokrates am liebsten überhaupt nichts sein. Dies kann nun als Beispiel für Sokrates' moralische Stärke aufgefaßt werden, aber es dürfte doch vielleicht richtiger sein, darin mehr eine von der inneren Unendlichkeit der *Ironie* getragene *indirekte Polemik* gegen das Unwesen der Sophisten zu sehen. Es kann wohl in einem gewissen Sinne von Sokrates' moralischer Stärke die Rede sein, aber der Punkt, zu dem er in dieser Hinsicht kam, war doch zunächst die negative Bestimmung, daß die Subjektivität in sich selber sich selber bestimmt, aber er ermangelte der Objektivität, in der die Subjektivität in ihrer Freiheit an sich frei ist, der Objektivität, die nicht die einschränkende, sondern die erweiternde Begrenzung der Subjektivität ist. Wozu er kam, das war überhaupt die innere Konsequenz der ideellen Unendlichkeit an sich in der Abstraktion, in der sie ebensosehr eine metaphysische wie eine ästhetische und eine moralische Bestimmung ist. Der Satz, den Sokrates so oft aufstellt, daß Sünde Unwissenheit sei, weist bereits hinlänglich darauf hin. Es ist die unendliche ausgelassene *Freiheit der Subjektivität*, die wir in Sokrates sehen, aber dies ist eben *die Ironie*.

Hier hoffe ich nun, daß es sich zeigen wird, sowohl daß die Ironie eine welthistorische Gültigkeit hat, als auch daß Sokrates durch meine Auffassung nicht verkleinert, sondern recht eigentlich ein Heros wird, so daß man ihn in seinem Verhalten sieht, daß er für den anschaulich wird, der Augen hat zu sehen, hörbar für den, der Ohren hat zu hören. Das alte Griechentum hatte sich selbst überlebt, ein neues Prinzip sollte hervortreten, damit es aber in seiner Wahrheit hervortreten konnte, mußte all das wuchernde Unkraut der verderblichen Antizipationen des Mißverstehens untergepflügt, in seiner tiefsten Wurzel vernichtet werden. Das neue Prinzip muß streiten, die Welthistorie braucht einen neuen Geburtshelfer. Diesen Platz füllt nun Sokrates aus. Selber war er es nicht, der das neue Prinzip in seiner Fülle bringen konnte; in ihm war es nur im Verborgenen gegenwärtig, er sollte sein Auftreten möglich machen. Aber *dieses Zwischenstadium,* das nicht das neue Prinzip ist und es doch ist (potentia non actu), ist eben die *Ironie.* Aber die *Ironie* ist wiederum die Waffe, das *zweischneidige Schwert,* das er wie ein Todesengel über Griechenland schwang. Das hat er selber ironisch richtig in der Apologie aufgefaßt, wo er sagt, daß er ein Geschenk der Götter sei, und dies näher so bestimmt, daß er eine Bremse sei, deren der griechische Staat, einem großen und edlen, aber trägen Roß vergleichbar, bedürfe. Wie seine Praxis dem auch völlig entsprach, das ist bereits hinlänglich im vorhergehenden ausgeführt. Aber die *Ironie* ist gerade der *Stachel der Subjektivität,* und die *Ironie* ist in Sokrates eine wahrhaft *welthistorische Leidenschaft.* In Sokrates endet eine Entwicklung, und mit ihm beginnt eine neue. Er ist die letzte klassische Figur, aber diese seine Gediegenheit und natürliche Fülle verzehrt sich in einem Gottesdienst, mit dem er die Klassizität zerstört. Aber seine eigene *Klassizität* macht es ihm möglich, die *Ironie* zu ertragen. Dies ist es, was ich früher als die göttliche Gesundheit bezeichnet habe, in deren Besitz Sokrates gewesen sein muß. Für die reflektierte Individualität ist jede Naturbestimmung nur Aufgabe, und durch die Dialektik des Lebens und aus ihr geht die verklärte Individualität hervor als die Persönlichkeit, die in jedem Augenblick gesiegt hat und doch streitet. — Es könnte zwar scheinen, daß Sokrates eine reflektierte Individualität war, und die bedenkliche Anlage, auf die seine Organe hingedeutet haben sollen, scheint es verständlich zu machen, daß er nicht sosehr der war, der er war, sondern der wurde, der er war. Indessen dürfte es wohl auch möglich sein, daß dies mehr in Analogie zu dem häßlichen Äußern aufgefaßt werden muß, das er selber mit so großer Ironie schildert. Wie bekannt, hat Zopyrus physiognomische Studien im Hinblick auf Sokrates geliefert. Alle Wahrheit der Physiognomik beruht indessen auf dem Satz, daß das Wesen ist und nur so weit ist, wie es in der Erscheinung ist, oder daß die Erscheinung Wahrheit des

Wesens ist, das Wesen Wahrheit der Erscheinung. Das Wesen ist nun zwar die Negation der Erscheinung, aber es ist nicht seine absolute Negation, denn damit wäre das Wesen selber eigentlich verschwunden. Dies gilt indessen bis zu einem gewissen Grade von der Ironie, sie negiert das Phänomenale, nicht um durch diese Negation zu ponieren, sondern sie negiert das Phänomenale überhaupt, sie flüchtet zurück, anstatt vorzugehen, sie ist nicht im Phänomen, sondern das Phänomen sucht sie zu betrügen, das Phänomen ist nicht dazu da, das Wesen zu offenbaren, sondern es zu verbergen. Erinnert man sich nun daran, daß im glücklichen Griechenland das Wesen in Einheit mit dem Phänomen als unmittelbarer Naturbestimmung war, so sieht man zugleich, daß, indem diese Harmonie aufgehoben war, die Trennung tief klaffen mußte, bis eine Einheit unter einer höheren Form zustande gebracht wurde. Insoweit dürfte es möglich sein, daß Sokrates diesen Gegensatz ironisch auffaßte, der zwischen seinem Wesen und seiner Erscheinung bestand. Er fand es ganz in seiner Ordnung, daß sein Äußeres auf etwas ganz anderes hindeutete, als es sein Inneres war. Denn wenn man auch die moralische Freiheit hervorheben mag, die alle diese verkehrten natürlichen Dispositionen verkehrte, so bleibt doch das Mißverhältnis zurück, insofern als sein moralisches Streben ihn nie instand setzte, sein Äußeres wiederzugebären. Sokrates bleibt daher immer eine besonders schwierige Aufgabe für die Physiognomik; denn hebt man das Moment der Selbstbestimmung hervor, so bleibt die Schwierigkeit, daß Sokrates' Äußeres ja nicht wesentlich verändert wurde, hebt man die erbliche Bestimmung hervor, so wird ja Sokrates zu einem Stein des Anstoßes für die ganze Physiognomik. Wenn man dagegen den Blick mehr auf die ironische Freude richtet, die Sokrates dadurch genoß, sich von Natur so ausgesteuert zu sehen, daß ein jeder sich in ihm irren mußte, so wird man nicht weiter auf physiognomische Tiefsinnigkeiten einzugehen brauchen. — Die reflektierte Individualität findet nie die Ruhe, die über der schönen Individualität liegt, weil diese bis zu einem gewissen Grad ein Naturprodukt ist, weil sie das Sinnliche als ein notwendiges Moment in sich hat. Die harmonische Einheit der schönen Individualität wird durch die Ironie gestört, und sie wird auch bis zu einem gewissen

Grade in Sokrates gestört, sie wird in jedem Augenblick in ihm vernichtet, negiert. Hieraus läßt sich auch die Anschauung des Todes erklären. Aber über dieser Vernichtung erhebt sich die ironische Ataraxie (um an einen Ausdruck des Skeptizismus zu erinnern) höher und höher.

Wie daher bei den Juden, die doch das Volk der Verheißung waren, die *Skepsis des Gesetzes* den Weg bahnen, durch ihre *Negativität* gleichsam den natürlichen Menschen verzehren und ausbrennen mußte, damit die Gnade nicht eitel genommen würde, so mußte bei den Griechen, dem Volk, das man wohl im weltlichen Sinne als das auserwählte bezeichnen kann, dem glücklichen Volk, dessen Mutterboden der der Harmonie und Schönheit war, dem Volk, in dessen Entwicklung das rein Menschliche seine Bestimmungen durchlief, dem Volk der Freiheit, so mußte bei den Griechen in ihrer sorgenlosen Intellektwelt das *Schweigen der Ironie* die *Negativität* sein, die es verhinderte, daß die Subjektivität nicht eitel genommen wurde. Denn die Ironie ist wie das Gesetz eine Forderung, und die Ironie ist eine ungeheure Forderung, denn sie *verkleinert* die Realität und fordert die Idealität. — Aber eben weil diese Forderung zu jener Zeit in der Welthistorie wahr war, deswegen ist Sokrates' Ironie welthistorisch gültig und hat nicht das Krankhafte und Egoistische an sich, das sie in einer viel späteren Zeit hat, wo sie, nachdem die Idealität in vollstem Maße gegeben ist, ein überspanntes Sublimat davon fordert. — Daß nun die Idealität schon in diesem Verlangen steckt, wenn auch nur als Möglichkeit, das ist klar, denn in geistiger Hinsicht ist das Verlangte immer bereits im Verlangen, da das Verlangen sichtlich die Bewegung des Verlangten selber in dem Verlangenden ist. Und wie die Ironie an das Gesetz erinnert, so erinnern die *Sophisten* an die *Pharisäer*, die auf dem Gebiet des Willens in derselben Weise wie die Sophisten auf dem der Erkenntnis operierten. Das, was Sokrates mit den Sophisten tat, war, daß er ihnen den nächsten Augenblick gab, in dem das momentan Wahre sich ins Nichts auflöste, das will sagen, er ließ die Unendlichkeit die Endlichkeit verschlingen. Aber Sokrates' Ironie war nicht nur gegen die Sophisten gerichtet, sie war gegen alles Bestehende gerichtet, von all dem forderte sie die Idealität, und diese Forderung war das Gericht, das über das Griechentum urteilte und es verurteilte. Aber seine Ironie ist nicht das Werkzeug, das er im Dienste der Idee gebrauchte, *die Ironie* ist sein *Standpunkt*, mehr hatte er nicht. Hätte er die Idee gehabt, so wäre seine vernichtende Wirksamkeit niemals so durchgreifend geworden. Der, der das Gesetz verkündete, war nicht zugleich der, der die Gnade brachte, der, der die Forderung in all ihrer Schwere geltend machte, war nicht der, der die Forderung befriedigen konnte. Doch man muß sich daran erinnern, daß zwischen Sokrates' Forderung und ihrer Erfüllung nicht die gähnende Tiefe befestigt war wie zwischen dem Gesetz und der Gnade. In Sokrates' Forderung war die Erfüllung κατὰ δύναμιν enthalten. Hierdurch gewinnt die welthistorische Formation auch einen hohen Grad von Abrundung. Schleiermacher bemerkt in einer Abhandlung, daß Platon viel zu vollendet für einen ersten Beginn ist, und bemerkt dies im Gegensatz zu Krug und Ast, die Sokrates übersahen und mit Platon begannen. Aber die *Ironie* ist der Beginn und doch wieder nicht mehr als der Beginn, sie ist und ist nicht, und ihre Polemik ist ein Beginn, der ebensowohl ein Schluß ist, denn die Vernichtung der vorhergehenden Entwicklung ist ebensosehr ihr Schluß wie der Beginn der neuen Entwicklung, da die Vernichtung nur dadurch möglich ist, daß das neue Prinzip bereits als Möglichkeit zugegen ist.

Von der Doppelgesichtigkeit, die in jedem historischen Beginnen liegt, gehen wir nun dazu über, in Sokrates *die andere Seite* aufzuweisen, wir müssen sein Verhältnis zu der Entwicklung sehen, die ihren Beginn auf ihn zurückführt. — Sein Verhältnis zu Sokrates hat *Platon* mit ebenso großer Schönheit wie Pietät in der bekannten Äußerung erfaßt, daß er den Göttern für vier Dinge danke, daß er ein Mensch und nicht ein Tier, ein Mann und nicht eine Frau, ein Grieche und nicht ein Barbar, aber vornehmlich, daß er athenischer Bürger und Sokrates' Zeitgenosse geworden sei. — Wie bekannt, ist es nicht nur Platon, sondern eine *Mannigfaltigkeit von Schulen*, die ihre Weisheit an diesem Punkt entspringen lassen. — Vgl. Rheinisches Museum, Bonn 1827. Grundlinien der Lehre des Sokrates von Ch. A. Brandis, S. 119: „Aber eine so große Anzahl sehr begabter Männer hat kein Philosoph des Altertums in dem Maße für sich und für Erforschung der Wahrheit gewonnen wie Sokrates, keiner wie er eine Mannigfaltigkeit von Schulen veranlaßt, die, in Lehre und Lehrweise höchst verschieden untereinander, sich in der Überzeugung vereinigten, dem Sokrates ihre leitenden Grundsätze zu verdanken. Unter den philosophischen Schulen, deren von einigen zehn, von anderen neun, als ethische, d. h. sokratische, bezeichnet wurden, fand sich außer der epikureischen schwerlich eine, die solche Bezeichnung verschmäht haben würde" (die akademische, megarische, eretrische, eleische, peripatetische, kyrenaische, kynische, stoische, epikureische)." — Es könnte nun so scheinen, als ob es notwendig sei, um dieses Phänomen zu erklären, anzunehmen, daß in Sokrates ein hoher Grad von Positivität vorhanden gewesen wäre.

Es ist nicht genug zu sagen, daß man aus der Verschiedenheit der sokratischen Schulen schließen kann, daß Sokrates kein positives System gehabt habe; sondern man muß hinzufügen, daß die unendliche Negativität durch ihren Druck die ganze Positivität möglich gemacht hat, ein unendlicher *Antrieb* und *Stachel* für die Positivität gewesen ist. Wenn Sokrates im täglichen Leben beginnen konnte, wo immer es war, so ist seine Bedeutung in der welthistorischen Entwicklung die, daß er der unendliche Anfang ist, der in sich eine Mannigfaltigkeit von Anfängen enthält. Als Anfang ist er daher positiv, aber als bloßer Anfang negativ. Sein Verhältnis ist daher hier das Umgekehrte von dem, was es im Hinblick auf die Sophisten war. Aber die *Einheit von beiden* ist eben die *Ironie*. Man sieht daher, daß die drei sokratischen Schulen gerade in dem Abstrakt-Allgemeinen einig sind, wie verschieden sie es auch sonst auffassen. Aber dies hat eben die Zweideutigkeit in sich, daß es sich einerseits polemisch gegen das Endliche richten, anderseits für das Unendliche anstachelnd sein kann. Wie Sokrates daher im Umgang mit seinen Schülern, wenn ich diesen Ausdruck gebrauchen darf, ihnen unentbehrlich war, um beständig die Untersuchung in Gang zu halten, so hat er in welthistorischer Hinsicht die Bedeutung, das Schiff der Spekulation flottgemacht zu haben. Aber dazu gehört eben eine *unendliche Polemik*, eine Kraft, jedes Hindernis aus dem Weg zu räumen, das die Fahrt hemmen will. Selber geht er indessen nicht an Bord, sondern er schifft nur aus. Selber gehört er noch einer älteren Formation an und doch beginnt eine neue mit ihm. — Er (Sokrates) bleibt somit der ganzen Welt, der er angehört, fremd, das Bewußtsein seiner Zeit hat kein Prädikat für ihn, unnennbar und unbestimmbar gehört er einer anderen Formation an. — Er entdeckt in sich selber den anderen Erdteil, im selben Sinn, wie Kolumbus Amerika entdeckt hatte, bevor er an Bord ging und es wirklich entdeckte. Seine Negativität verhindert daher ebensosehr jeden Rückfall, wie sie die wirkliche Entdeckung befördert. Und wie seine geistige Beweglichkeit und sein Enthusiasmus im täglichen Umgang für seine Schüler begeisternd war, so ist der Enthusiasmus seines Standpunktes die sich in der nachfolgenden Positivität rührende Energie.

Es hat sich im vorhergehenden gezeigt, daß Sokrates in seinem Verhältnis zum Bestehenden völlig *negativ* war, daß er in *ironischer* Zufriedenheit über allen Bestimmungen des substantiellen Lebens schwebte; es hat sich zugleich gezeigt, daß er im Verhältnis zu der Positivität, die die Sophisten geltend machten und mit der Mannigfaltigkeit ihrer Gründe zu verankern und zu einem Bestehenden zu machen suchten, sich wieder *negativ* verhielt und sich in *ironischer* Freiheit auch darüber zu erheben wußte. Sein *ganzer* Standpunkt rundet sich daher in der *unendlichen Negativität* ab, die sich im Verhältnis zu einer vorhergehenden Entwicklung negativ zeigt und im Verhältnis zu einer nachfolgenden ebenso negativ, obwohl sie in einem anderen Sinn in beiden Verhältnissen positiv ist, d. h., sie ist *unendlich zweideutig*. Gegen das Bestehende, das substantielle Leben im Staat, war sein ganzes Leben ein Protest; mit den Sophisten ließ er sich auf den Versuch ein, den sie machten, um ein Surrogat für das Bestehende zustande zu bringen. Ihre Gründe vermochten nun nicht dem Sturmwind seiner unendlichen Negativität standzuhalten, der in einem Augenblick alle polypenhaften Verzweigungen fortblies, an denen das partikuläre und empirische Subjekt sich festhielt, und sie nun auf den unendlichen Okeanos hinausriß, in dem das Gute, das Wahre, das Schöne usw. sich selber in unendlicher Negativität begrenzte. Dies also im Hinblick auf das Verhältnis, unter dem seine Ironie sich äußerte. Was die Art, in der sie sich offenbarte, angeht, so zeigte sie sich teils *partiell* als ein beherrschendes Moment im Verlauf der Rede, teils *total* und in ihrer ganzen Unendlichkeit, wobei sie zuletzt Sokrates mitreißt. — — —

Inwiefern kann die Wahrheit gelehrt (und gelernt) werden? Das war eine sokratische Frage, oder sie wurde es durch die sokratische Frage; inwiefern die Tugend gelehrt (und gelernt) werden kann? denn die Tugend wurde ja wieder als Einsicht bestimmt (vgl. Protagoras, Gorgias, Meno, Euthydem). Wenn Wahrheit gelehrt (und gelernt) werden soll, muß ja vorausgesetzt werden, daß sie nicht ist, indem sie also *gelernt* werden soll, wird sie gesucht. Hier taucht nun die Schwierigkeit auf, auf die Sokrates im Meno (§ 80 Schluß) als einen „streitlustigen Satz" aufmerksam macht, daß ein Mensch unmöglich suchen kann, was er weiß, und ebenso unmöglich suchen kann, was er nicht weiß; denn was er weiß, kann er nicht suchen, weil er es weiß, und was er nicht weiß, kann er nicht suchen, denn er weiß ja nicht einmal, was er suchen soll. Die Schwierigkeit wird durch Sokrates in der Weise behoben, daß alles Lernen und Suchen nur ein Erinnern sei, dergestalt, daß der Unwissende bloß daran erinnert zu werden brauche, um sich durch sich selbst auf das zu besinnen, was er weiß. Die Wahrheit wird also nicht in ihn hineingebracht, sondern war in ihm. Diesen Gedanken führt Sokrates weiter aus, und in ihm konzentriert sich eigentlich das griechische Pathos, da er zum Beweis für die Unsterblichkeit der Seele wird, wohlbemerkt in umgekehrter Richtung, oder zum Beweis für die Präexistenz der Seele. — Wird der Gedanke absolut gedacht, so daß also nicht auf die verschiedenen Zustände Präexistenz reflektiert wird, dann kehrt dieser griechische Gedanke in der älteren und modernen Spekulation wieder: ein ewiges Schaffen; ein ewiges Ausgehen vom Vater; ein ewiges Gottwerden; ein ewiges Sich-Opfern; eine vorübergegangene Auferstehung; ein überstandenes Gericht. Alle diese Gedanken sind jener griechische Gedanke von der Erinnerung, man merkt das nur nicht immer, weil man ja, kaum bei ihm angelangt, schon weiterging. Wird der Gedanke in ein Aufzählen der verschiedenen Zustände der Präexistenz zerlegt, so sind die ewigen Praes dieses approximierenden Denkens den ewigen Posts der entsprechenden Approximation gleich. Man erklärt den Widerspruch des Daseins dadurch, daß man ein Prae statuiert, wie man es braucht (kraft eines früheren Zustandes ist das Individuum in seinen gegenwärtigen sonst unerklärlichen Zustand geraten), oder indem man ein Post statuiert, wie man es braucht (auf einem anderen Weltkörper kann man das Individuum besser unterbringen, und in Anbetracht dessen ist sein gegenwärtiger Zustand nicht unerklärlich). — Von dieser Betrachtung her zeigt es sich, mit welcher wunderbaren Konsequenz Sokrates sich selber treu blieb und künstlerisch realisierte, was er verstanden hatte. Er war und blieb Hebamme; nicht weil er „das Positive nicht hatte", sondern weil er einsah, daß jenes Verhältnis das höchste sei, das ein Mensch dem andern gegenüber einnehmen kann. — So heißt es in unserer Zeit, in der man das Positive hat, ungefähr ebenso, wie wenn ein Polytheist die Negativität des Monotheismus verhöhnen wollte; denn der Polytheist hat ja viele Götter, der Monotheist nur einen; die Philosophen haben viele Gedanken, die alle bis zu einem gewissen Grad gelten, Sokrates nur einen, der absolut ist. — Und darin behält er ja in alle Ewigkeit recht; denn selbst wenn jemals ein göttlicher Ausgangspunkt gegeben ist, zwischen Mensch und Mensch bleibt dies das Verhältnis, wenn man auf das Absolute reflektiert und nicht mit dem Zufälligen tändelt, sondern aus tiefstem Herzen darauf verzichtet, die Halbheit zu verstehen, welche des Menschen Lust und das Geheimnis des Systems zu sein scheint. Dagegen war Sokrates eine von dem Gotte selbst examinierte Hebamme; das von ihm vollbrachte Werk war ein göttlicher Auftrag (vgl. Platos Apologie); wenn er auch den Menschen als Sonderling vorkam; und es war göttlich gemeint, was Sokrates auch verstand, daß der Gott ihm zu gebären verbot (Theaetet § 150), denn zwischen Mensch und Mensch ist das Entbinden das Höchste, das Gebären steht nur dem Gotte zu.

Sokratisch gesehen, ist jeder Ausgangspunkt in der Zeit eo ipso ein Zufälliges, ein Verschwindendes, eine Veranlassung; mehr ist auch der Lehrer nicht, und gibt er sich und seine Gelehrsamkeit auf irgendeine andere Weise aus, so gibt er nicht, sondern nimmt weg, dann ist er nicht einmal der Freund des andern, noch weniger sein Lehrer. Dies ist das Tiefsinnige des sokratischen Denkens, dies seine edel durchgeführte Humanität, die keine schlechte und eitle Kumpanei mit guten Köpfen eingeht, sondern sich ebenso einem Weißgerber verwandt fühlt, weshalb er ja schnell „sich dessen versicherte, daß die Physik nicht die Sache des Menschen ist, und deshalb in den Werkstätten und auf dem Markt über das Ethische zu philosophieren begann" (Diogenes von Laerte, II, 5, 21), aber gleich absolut philosophierte, mit wem er auch sprach. Mit halben Gedanken, mit Feilschen und Schachern, mit Behaupten und Aufgeben, als schulde der Einzelne bis zu einem gewissen Grad einem andern Menschen etwas, bis zu einem gewissen Grad aber wiederum nichts; mit losen Reden, die alles erklären, ausgenommen: welches dieser gewisse Grad sei; mit all dem geht man nicht über Sokrates hinaus, erreicht auch nicht den Offenbarungsbegriff, sondern bleibt im Gerede stecken. Für die sokratische Betrachtung ist jeder Mensch sich selbst das Zentrale, und die ganze Welt zentralisiert sich nur auf ihn, weil seine Selbst-Erkenntnis eine Gottes-Erkenntnis ist. So verstand Sokrates sich selbst, so mußte nach seiner Anschauung jeder Mensch sich selbst verstehen, und kraft dessen mußte er sein Verhältnis zum Einzelnen verstehen, immer gleich demütig und gleich stolz. Dazu hatte Sokrates Mut und Besonnenheit, sich selber genug zu sein, aber auch im Verhältnis zu andern nur Veranlassung zu sein selbst für den dümmsten Menschen. O seltene Hochgemutheit, selten in unserer Zeit, wo der Pfarrer ein wenig mehr ist als der Küster, wo jeder zweite Mensch Autorität ist, während alle diese Verschiedenheiten und all die viele Autorität in einer gemeinsamen Tollheit vermittelt werden und in einem commune naufragium; denn während niemals irgendein Mensch in Wahrheit Autorität gewesen ist oder jemals einem andern damit genützt hat, es zu sein, oder in Wahrheit den Klienten mit sich zu nehmen vermocht hat, so glückt es auf eine andere Weise besser; denn es schlägt niemals fehl, daß ein Narr, indem er selbst geht, mehrere andre mit sich nimmt.

Verhält es sich in dieser Weise mit dem Lehren (und Lernen) der Wahrheit, dann kann der Umstand, daß ich von Sokrates oder Prodikos oder von einem Dienstmädchen gelernt habe, mich nur historisch beschäftigen, oder dichterisch, sofern ich ein Plato an Schwärmerei bin. Aber diese Schwärmerei, mag sie auch schön sein, mag ich sie mir auch selbst wünschen und jedem diese Anlage zur Leidenschaft wünschen, vor der nur der Stoiker warnen könnte, mag ich auch nicht sokratische Hochgemutheit und sokratische Selbstverleugnung besitzen, ihre Nichtigkeit zu bedenken — diese Schwärmerei ist doch nur eine Illusion, würde Sokrates sagen, ja eine Unklarheit, in welcher die irdische Verschiedenheit fast wollüstig gärt. Es kann mich auch nicht anders als historisch interessieren, daß Sokrates' oder Prodikos' Lehre diese oder jene war, denn die Wahrheit, in der ich ruhe, war in mir selbst und kam durch mich selbst zum Vorschein, und auch Sokrates vermochte sie mir nicht zu geben, sowenig wie der Kutscher die Last des Pferdes zu ziehen vermag, wenn er ihm auch mit der Peitsche dabei helfen kann. — Eine Stelle im Klitophon führe ich nur als eine Äußerung eines Dritten an, da dieser Dialog als unecht gehalten wird. Klitophon klagt über Sokrates, daß er im Verhältnis zur Tugend bloß aufmunternd wirke, dergestalt, daß er von dem Augenblick an, da er die Tugend im allgemeinen hinlänglich anbefohlen habe, nun einen jeden sich selbst überlasse. Klitophon meint, dieses Verhalten müsse seinen Grund darin haben, daß Sokrates entweder nicht mehr wisse oder daß er nicht mehr mitteilen wolle (vgl. § 410). — Mein Verhältnis zu Sokrates und Prodikos kann mich im Hinblick auf meine ewige Seligkeit nicht beschäftigen; denn diese ist umgekehrt im Besitz von der Wahrheit her gegeben, die ich von Anfang an hatte, ohne von ihr zu wissen. Angenommen, ich würde in einem andern Leben mit Sokrates, Prodikos oder dem Dienstmädchen zusammenzutreffen, so würde dort wieder keiner von ihnen mehr als eine Veranlassung sein, was Sokrates unerschrocken dadurch ausdrückt, daß er selbst in der Unterwelt nur fragen wolle, denn der finale Gedanke allen Fragens ist, daß der Gefragte doch selbst die Wahrheit haben und durch sich selbst finden muß. Der zeitliche Ausgangspunkt ist ein Nichts; denn im selben Augenblick, da ich entdecke, daß ich die Wahrheit von Ewigkeit her gewußt habe, ohne es zu wissen, im selben Nu ist jener Augenblick im Ewigen verborgen, darin aufgenommen, dergestalt, daß ich ihn sozusagen nicht einmal finden kann, selbst wenn ich ihn suchte, weil es da kein Hier und Dort gibt, sondern nur ein ubique et nusquam. — — —

Soll sich dies nun anders verhalten, so muß der Augenblick in der Zeit entscheidende Bedeutung haben, dergestalt, daß ich ihn keinen Augenblick lang, weder in Zeit noch in Ewigkeit, werde vergessen können, weil das Ewige, das zuvor nicht war, in diesem Augenblick geworden ist. Laßt uns nun unter dieser Voraussetzung die Verhältnisse im Hinblick auf die Frage betrachten, inwiefern die Wahrheit gelehrt und gelernt werden kann. — — —

Wir beginnen mit der sokratischen Schwierigkeit, wie man die Wahrheit suchen kann, da dies ja gleicherweise unmöglich ist, ob man sie hat oder ob man sie nicht hat. Das sokratische Denken hob die Disjunktion eigentlich auf, da es sich zeigte, daß im Grunde jeder Mensch die Wahrheit hat. Dies war seine Erklärung; wir haben gesehen, was daraus im Hinblick auf den Augenblick folgte. Soll dieser nun entscheidende Bedeutung erhalten, dann darf der Suchende gerade bis zu dem Augenblick die Wahrheit nicht gehabt haben, nicht einmal in der Form der Unwissenheit, denn dann wird der Augenblick nur zu dem der Veranlassung; ja er darf nicht einmal der Suchende sein; denn auf diese Weise müssen wir die Schwierigkeit ausdrücken, wenn wir sie nicht sokratisch erklären wollen. Er muß somit als außerhalb der Wahrheit bestimmt sein (nicht zu ihr kommend als Proselyt, sondern von ihr fortgehend) oder als Unwahrheit. Er ist also die Unwahrheit. Aber wie soll man ihn nun erinnern, oder was hilft es schon, ihn an das zu erinnern, was er nicht gewußt hat, und worauf er sich also auch nicht besinnen kann. — — —

Soll der Lehrer die Veranlassung sein, die den Lernenden erinnert, so kann er ja nichts dazu beitragen, daß er sich erinnert, eigentlich die Wahrheit zu wissen, denn der Lernende ist ja die Unwahrheit. Diejenige Erinnerung, zu der ihm der Lehrer Veranlassung werden kann, ist, daß er die Unwahrheit ist. Durch diese Besinnung aber ist der Lernende ja gerade von der Wahrheit ausgeschlossen, mehr denn als er sich noch in Unwissenheit darüber befand, daß er die Unwahrheit sei. Auf solche Weise stößt also der Lehrer den Lernenden, gerade indem er ihn erinnert, von sich fort, nur daß der Lernende, indem er dergestalt in sich gekehrt wird, nicht entdeckt, daß er die Wahrheit vorher gewußt hat, sondern seine Unwahrheit entdeckt, ein Bewußtseins-Akt, hinsichtlich dessen das Sokratische gilt, daß der Lehrer nur Veranlassung ist, wer immer er auch sein möge, selbst wenn er ein Gott wäre; denn meine eigene Unwahrheit kann ich nur durch mich selbst entdecken, denn erst wenn *ich* es entdecke, ist es entdeckt, früher nicht, auch wenn die ganze Welt es wußte. (Unter der angenommenen Voraussetzung bezüglich des Augenblicks wird dies die einzige Analogie zum Sokratischen.)

Soll nun der Lernende die Wahrheit erhalten, so muß der Lehrer sie ihm bringen, und nicht bloß das, sondern er muß ihm die Bedingung mitdazugeben, sie zu verstehen; denn falls der Lernende selbst sich selbst die Bedingung wäre, die Wahrheit zu verstehen, dann brauchte er sich ja bloß zu erinnern; denn mit der Bedingung, die Wahrheit zu verstehen, geht es wie damit, nach ihr fragen zu können, die Bedingung und die Frage enthalten das Bedingte und die Antwort. (Verhält es sich nicht so, dann ist der Augenblick nur sokratisch zu verstehen.)

Aber derjenige, der dem Lernenden nicht bloß die Wahrheit gibt, sondern auch die Bedingung dazu, der ist nicht Lehrer. Jeder Unterricht beruht darauf, daß die Bedingung zu guter Letzt doch da ist; fehlt sie, so vermag ein Lehrer nichts; denn sonst müßte er ja den Lernenden nicht umbilden, sondern umschaffen, bevor er ihn zu lehren anfängt. Aber das vermag kein Mensch; soll es dennoch geschehen, so muß es durch den Gott selbst erfolgen.

Sofern nun der Lernende da ist, ist er ja geschaffen, und insofern muß Gott ihm die Bedingung gegeben haben, die Wahrheit zu verstehen (denn sonst wäre er ja zuvor nur Tier, und jener Lehrer, der ihm mit der Bedingung die Wahrheit gab, machte ihn erst zum Menschen); insofern aber der Augenblick entscheidende Bedeutung haben soll (und wenn dies nicht angenommen wird, sind wir ja beim Sokratischen), muß er ohne die Bedingung sein, ihrer also beraubt sein. Dies kann nicht durch den Gott geschehen sein (denn das ist ein Widerspruch), auch nicht durch einen Zufall (denn es ist ein Widerspruch, daß etwas, was niedriger ist, das Höhere sollte überwinden können), es muß also durch ihn selbst geschehen sein. Könnte er die Bedingung auf solche Weise verloren haben, daß es nicht durch ihn geschehen wäre, und könnte er sich im Zustand des Verlustes befinden, ohne daß es durch ihn selbst geschieht, dann hat er die Bedingung nur zufällig besessen, und das ist ein Widerspruch, da die Bedingung für die Wahrheit eine wesentliche Bedingung ist. Die Unwahrheit ist somit nicht bloß außerhalb der Wahrheit, sondern ist polemisch wider die Wahrheit, was dadurch ausgedrückt wird, daß er selbst die Bedingung verspielt hat und verspielt.

Der Lehrer ist also der Gott selber, der, als Veranlassung wirkend, veranlaßt, daß der Lernende daran erinnert wird, die Unwahrheit zu sein, und zuvor durch eigene Schuld.

— — —

Hierzu kurz noch einmal Sokrates, der ja auch ein Lehrer war. Er wurde unter bestimmten Lebensverhältnissen geboren, gebildet in dem Volk, dem er angehörte, und als er in reiferem Alter einen innern Ruf und einen Ansporn vernahm, begann er auf seine Weise andere zu lehren. Nachdem er so einige Zeit als Sokrates gelebt hatte, trat er, als die Zeit ihm gelegen erschien, als der Lehrer Sokrates auf. Er war selbst von den Umständen beeinflußt, griff selbst wieder in sie ein. Indem er sein Werk vollbrachte, befriedigte er ebensosehr die Forderung, die in ihm war, wie die Forderung, die andre Menschen an ihn stellen konnten. Auf diese Weise verstanden, und dies war ja das sokratische Verständnis, befindet sich der Lehrer in einem Wechselverhältnis, indem das Leben und die Verhältnisse ihm die Veranlassung bieten, Lehrer zu werden, und er wieder anderen Veranlassung, etwas zu lernen. Sein Verhalten ist daher immerzu ebenso autopathisch wie sympathisch. In dieser Weise verstand es auch Sokrates, daher wollte er weder Ehre noch Ehrenämter noch Geld für seinen Unterricht entgegennehmen, da er unbestechlich wie ein Verstorbener urteilte. O seltene Genügsamkeit, selten in unserer Zeit, da eine Summe Geldes und der Ehrenkranz nicht groß und glänzend genug sein können, zum Entgelt für die Vorzüglichkeit des Unterrichts, wo aber auch alles Gold und alle Ehre der Welt genau das Entgelt für den Unterricht darstellen, da sie gerade gleich viel wert sind. Aber unsere Zeit hat ja das Positive und versteht sich darauf; Sokrates hingegen ermangelte des Positiven. Aber sieh nur zu, ob dieser Mangel seine Borniertheit erklärt, die wohl ihren Grund darin hatte, daß er auf das Menschliche eifersüchtig war, sich selbst mit der gleichen göttlichen Mißgunst züchtigte, mit der er andere züchtigte und in der er das Göttliche liebte. Zwischen Mensch und Mensch ist dies das Höchste; der Schüler ist für den Lehrer die Veranlassung, sich selbst zu verstehen, der Lehrer für den Schüler Veranlassung, sich selbst zu verstehen; der Lehrer hinterläßt beim Tode keine Forderung auf die Seele des Schülers, ebensowenig wie der Schüler Forderung darauf erheben kann, daß der Lehrer ihm etwas schulde. Und wäre ich ein Plato an Schwärmerei, und klopfte mein Herz so heftig wie das des Alkibiades, heftiger als das der Korybanten, wenn ich Sokrates hörte, und könnte die Leidenschaft meiner Bewunderung nicht gestillt werden, ohne daß ich jenen herrlichen Mann umarmte, so würde Sokrates wohl über mich lächeln und sagen: „O Lieber, du bist doch ein falscher Liebhaber; denn mich willst du mittels meiner Weisheit vergöttern, und dann willst du selbst der sein, der mich am besten verstand, und der sein, aus dessen bewundernder Umarmung ich mich nicht sollte losreißen können; bist du nicht gar ein Verführer?" Und falls ich ihn dann nicht verstehen wollte, dann würde mich wohl seine kalte Ironie zur Verzweiflung bringen, wenn er mir auseinandersetzte, daß er mir ebensoviel schuldig sei wie ich ihm. O seltene Redlichkeit, die keinen betrügt, auch nicht den, der seine Seligkeit daransetzen möchte, betrogen zu werden; selten in unserer Zeit, wo jeder weitergeht als Sokrates, sowohl in der Art, sich selbst zu bewundern, als darin, dem Schüler zu nützen und im Umgang zärtlich zu sein und im warmen Umschlag der Bewunderung eine Wollust zu finden! O seltene Treue, die keinen verführt, nicht einmal den, der alle Künste der Verführung braucht, um verführt zu werden! — — —

PAULUS

Der Apostel Paulus war, wie ja allen bekannt ist, ein in vielerlei Leiden erprobter Mann. Wenn deshalb der Leidende, was nur allzuoft geschieht, anstatt Anleitung in dem dargebotenen Trost zu suchen, hintergründig wird, um Ausflüchte zu suchen, statt zu bedenken, ob der Redende nun wirklich versucht wird, erprobt gerade wie er selbst es ist, denn anders fehlt ihm ja die Erfahrung — wenn der Leidende, eine Beute der listigen Erfindungen jener verborgenen Eitelkeit, mancher Zeugen sonst glaubwürdiges Zeugnis in Frage stellen sollte, den Apostel Paulus wird er doch wohl nicht fragwürdig finden. So nenne denn deine Leiden, oder wenn deiner Sorge Spitzfindigkeit dich sogar neidisch gemacht hat auf den Apostel und auf seine Unerschrockenheit, so denke dir Leiden aus: du sollst den Apostel wohl erprobt darin finden, obwohl es dir auch nicht glücken wird, ihn nach deiner Vorstellung umzubilden, ihn im Lauf aufzuhalten, so daß er mit dir weitläufig in der Weitläufigkeit der Leiden wird. Wie das Auge den nicht fassen kann, der läuft, weil er läuft, so ist es hier auch mit dem Leiden; die hinzukommenden finden nicht die Zeit, den Apostel zu erschrecken, die vergangenen bekommen nicht die Zeit, ihn festzuhalten, denn er läuft. Aber erprobt hat er das Leiden doch, und man soll ja einen Apostel nicht darüber belehren, daß das Leiden furchtbarer wird, wenn man stille sitzt, entkräftet von dem Vergangenen, und nur sich ängstlich sehnend nach dem Zukünftigen, sondern man soll ja von einem Apostel lernen, zu laufen und den Lauf zu vollenden. Nenne nun die Leiden, die einen Menschen vernichten, indem sie alle Qual in die Kürze des Augenblicks gießen, die langwierige Qual, die ihm langsam die Seele aus dem Leibe zieht, nenne dies, verspottet zu werden als ein Schwachsinniger, geflohen zu werden wie ein Ärgernis, nenne es Lebensgefahr, Unbekleidetheit,

Gefangenschaft, Ketten, nenne alle tiefen Kränkungen des Mißverständnisses, nenne es alle schlafend zu finden, ausgenommen das Mißverständnis, nenne es bejubelt zu werden als ein Abgott, wenn man ein Apostel ist, nenne es vergessen zu werden, sobald man weg ist, die gute Sache aufgegeben zu sehen von Freunden, die feige wurden, unterstützt von Feinden, die nach Verwirrung trachten, nenne es verlassen zu werden von denen, auf die man baut, verlassen zu werden von den Schwachen, die sich selber helfen wollen, für einen Verführer angesehen zu werden, wenn man Zeuge der Wahrheit ist, der Sünde Vorwand zu geben zu neuer Sünde, wenn man Lehrer der Wahrheit ist, für schwach angesehen zu werden, wenn man milde ist, für hochmütig, wenn man streng ist, für selbstliebend, wenn man väterlich bekümmert ist; fahre fort, wenn es dich so dünkt, du sollst den Apostel erprobt finden. Aber alle diese Leiden nennt er doch nicht den Pfahl im Fleisch.

Der Unterschied ist wohl der: alle jene Leiden sind nur im Äußeren, selbst die Bekümmerung um die Gemeinde, selbst die tiefe Sorge um das Mißverständnis, wie schwer sie ihm auch auf der Seele liegt, er hat sich doch nichts vorzuwerfen; unter all diesen Leiden siegt die Zuversicht, daß er im Einverständnis mit Gott ist. Ob da auch der Gang des Lebens gegen ihn zeugt, ob Gott gleichsam aus der Welt flieht und ihn auf der Welt ohne Zeugnis läßt; denn das ist ja das Zeugnis, das jeder Mensch, selbst ein Apostel, am besten versteht, daß das Gute, für das er arbeitet, Fortgang hat, daß die Wahrheit, die er verkündet, den Sieg hat, daß die heilige Sache, für die er kämpft, Segen hat, und die Arbeit lohnt und die Mühe Früchte bringt, und die Anstrengung Bedeutung hat, und der Streit Entscheidung, der Tage und Nächte schlaflose Zeit eine herrliche Anwendung — ob selbst die Welt und das Sichtbare so von Gott verlassen sind, er hat doch das Zeugnis des Geistes, daß er Mitarbeiter Gottes ist. Was ist da also schon Not! Im nächsten Augenblick schon kann sich ja alles ändern; ist Gott auch entflohen, er ist ja doch im Himmel, wo der Apostel ihn und des Menschen Sohn in der Kraft seiner Herrlichkeit sieht — nicht sitzend, ach, wie sollte er sitzen können, wenn der Apostel so verlassen ist, nein, er hat sich hochgerissen, und der Apostel sieht ihn, wie Stephanus, stehend zur rechten Seite der Herrlichkeit, bereit, ihm zu helfen. Ja soll auch alles eitel sein, hinweggefegt wie eine Einbildung, soll auch nichts, schlechthin nichts ausgerichtet worden sein, und das Leiden das einzig Wirkliche sein, soll die rastlose Aufopferung eines langen Lebens bedeutungslos werden wie ein Fechten in der Luft, der Apostel ist doch dessen sicher, daß weder Engel noch Teufel, weder Gegenwart noch Zukunft ihn von der Liebe reißen können, worin das Zeugnis Gottes in seinem Herzen lebt. Und was ist so alles irdische Leiden gegen diese Seligkeit! Ist er nicht, wiewohl gegenwärtig im Leib, doch abwesend, weit weg, so daß nur jene betrogen sind, die meinen, ihn zu verwunden! Denn was für eine leere Einbildung ist nicht ein Gefängnis, wenn der gefangene Mann, den es einschließt, in den dritten Himmel entrückt ist! Was bedeutet es, den zu verspotten, der nichts anderes hört als unsagbare Reden, den hinzurichten, der abwesend ist!

Entrückt in den dritten Himmel! Paulus war sonst nicht unbekannt mit dem, was im Leben Freude bringt: daß er hoffen durfte, die Verkündigung des Wortes noch bis nach Spanien zu bringen, daß er nach seiner Abreise von einer Gemeinde einige gewonnen zurückließ, einige bestärkte, einige wiedergewonnen; daß er diese Gemeinde verließ, um zu einer anderen zu reisen; daß einige ihm doch treu blieben, daß seine väterliche Bekümmerung ihm doch zuweilen die Hingebung eines Sohnes gewann. Wie bewegt spricht nicht Paulus davon; wie dankbar ist er dann; wie muß die Freude herrlich gewesen sein, als Ermunterung für ihn, wenn der Wunsch erfüllt wurde, wenn er nicht mehr danach verlangte, die Geliebten zu sehen, wenn er bei ihnen war, wenn er die Gnadengabe des Geistes mit ihnen teilte, sich selber stärkte, indem er andere bestärkte! Aber dieser Ausdruck, hingerückt zu sein in den dritten Himmel, teilhaftig gemacht hoher Offenbarungen, eine unsagbare Seligkeit zu vernehmen, ihn kann er ja doch nicht gebrauchen, hat ihn nicht gebraucht ob jener schönen Freude, die er ja mit den andern teilte. Aber jene unsagbare Seligkeit konnte er nicht aussprechen — ach, und um ihn daran zu hindern, war ihm ein Pfahl ins Fleisch gegeben.

Also jenes Leiden und diese Seligkeit entsprechen einander. Ist es so, daß jene Seligkeit nur einem Apostel vorbehalten ist, dann fürchte keiner das Leid. Aber ist es so, dann kann man ja nicht darüber reden, und es ist nicht der Mühe wert, darüber zu reden, und vor allem ist unerklärlich, daß der Apostel darüber geschrieben hat. Wohl faßt er sich kurz, und seine Darstellung erweist sich auch dadurch himmelweit verschieden von Flitter und Tand, der sich mit heiligen Namen schminkt; aber ein Apostel ist doch wohl der, der zuletzt von allen Rätseln schreibt, die niemand erraten kann, die höchstens jemanden aufhalten, der sie erraten will; ein Apostel, der alles für alle zu sein sucht, ist wohl der, der zuletzt etwas so Besonderes sein will, daß er in dieser Hinsicht für jeden schlechthin zu nichts würde. Versagt sei deshalb alle Neugierde, die gerichtet ist, ohne es selber zu wissen; denn ihr Urteil ist, daß sie entweder nicht verstehen kann oder es verstehen können soll, und ihre Sünde ist, daß sie entweder das Geringere verschmäht, um sich den Kopf mit Gedanken über das Rätselvolle zu zerbrechen, oder daß sie untergründig ihre Gaben anwendet, um es verständlich zu machen, und heuchlerisch so tut, als sei es dies, das Verständnis zu wollen. Jeder prüfe sich selbst, im Verhältnis zu dem, was er erlebt hat, um sich selber treu zu sein; aber keiner vergesse, daß des Geistes Seligkeit und des Geistes Leiden nicht etwas Äußerliches sind, wovon einer aufrichtig und in Wahrheit sagen kann: hierzu hatte ich im Leben keine Gelegenheit, es zu erleben. In der Welt des Geistes gibt es keinen Spaß und keinen Spuk; da machen nicht Glück und Zufall den einen zum König, den andern zum Bettler, den einen schön wie die Königin des Ostens, einen andern elender als Lazarus; in der Welt des Geistes ist nur der ausgeschlossen, der sich selber ausschließt; in der Welt des Geistes sind alle eingeladen, und die Rede darüber ist daher sicher und unerschrocken; denn sie geht alle an, wenn anders sie einen Einzigen angeht. Wozu da Neugierde, um zu erraten, was durch Gott jedem Menschen an Gelegenheit gegeben wurde zu erleben, ja was ihm so nahe gelegt ist, daß sogar gesagt werden muß: er muß es verstanden haben. Denn wenn ein Mensch stürbe, ohne es verstanden zu haben, wie es doch sein muß, um reich zu sein oder schön zu sein, oder König zu sein, oder wie es doch sein muß, um verkannt zu sein, gering geachtet, arm, blind geboren, ausgestoßen aus dem Geschlecht, wenn er stürbe, ohne die rätselvolle Rede eines alten Weisen über das verstanden zu haben, was des Erdenlebens schönste Bedeutung ausmacht, daß, ob man nun heirate oder nicht heirate, man beides bereuen werde; ob man wohl deshalb mit Recht urteilen könnte, daß er das Leben nicht benützt habe? Aber wenn ein Mensch stürbe und niemals erfahren hätte, was es heißt, mit Gott zu streiten, wäre es ein Zeichen dafür, daß der, den man begrub, selten groß in Gottesfurcht gewesen wäre? Oder wenn er niemals erfahren hätte, was es heißt, von Gott verlassen zu sein, wäre es ein Zeichen dafür, daß er, den man begrub, in seltenem Sinne ein Liebling des Herrn gewesen war? Oder wenn er niemals den Zorn des Herrn erfahren hätte und dessen verzehrendes Feuer, ja niemals davon geträumt, daß es so etwas gebe, dürfte das sein Trost sein im Tode, seine Rechtfertigung im Gericht, ihm ein Zeichen dafür, daß er wie kein anderer Gottes Freund gewesen war; oder könnte er Genugtuung leisten mit der Antwort: so etwas habe ich keine Gelegenheit gehabt zu erleben? Ach, gesetzt, ein solcher wollte dessenungeachtet jenen Ausdruck erklären, gesetzt, es zeigte sich, daß er auch verstand, was ein Pfahl im Fleisch zu bedeuten habe, daß es nämlich Geist war, der ihm zum Pfahl im Fleische geworden war, und wenn er bloß ausging, da hatte er auch seinen Schmerz verwunden, da war es ihm geglückt, die Angst auszutreiben, die doch die Liebe nicht ganz austreiben sollte, die der Glaube nicht ganz auszutreiben vermochte, nicht einmal in einem Apostel.

Der Pfahl im Fleisch ist hier der Gegensatz zu der unsagbaren Seligkeit des Geistes, und der Gegensatz kann nicht im Äußeren sein, als könnten Leiden, Ketten, die Geißelungen der Mißverständnisse, des Todes Schrecken sie von ihm nehmen, oder als könnte aller Erfolg der Lehre, aller Sieg des Glaubens in der weiten Welt ihm den Mangel völlig ausfüllen. Sobald er das Leiden vernimmt und der Pfahl brennt, hat der Apostel allein mit sich selbst zu tun. Die Seligkeit ist verschwunden, sie verschwindet mehr und mehr, ach, es war unsagbar, sie zu besitzen, auch der Schmerz ist unsagbar, da er nicht einmal den Verlust ausdrücken kann, und die Erinnerung vermag nichts, außer in Ohnmacht zu verschmachten! Hingerückt gewesen zu sein in den dritten Himmel, geborgen im Schoße der Seligkeit, ausgeweitet in Gott, und nun mit dem Pfahl im Fleisch eingespannt in der Qual der Zeitlichkeit! Reich gewesen zu sein in Gott, unsagbar, und nun vernichtet zu sein, zu Fleisch und Blut, Staub und Vergänglichkeit! Sich selber vor Gott gegenwärtig gewesen zu sein, und nun von Gott verlassen zu sein, verlassen von sich selber, nur von einer schwachsinnigen Erinnerung getröstet! Schwer genug für einen Menschen, menschliche Treulosigkeit zu erfahren; aber zu erfahren, daß auch bei Gott Veränderung ist, Wechsel von Licht und Schatten, daß es einen Engel Satans gibt, der Macht hat, einen Menschen aus dieser Seligkeit zu vertreiben! Wo ist da Sicherheit für einen Menschen, wenn sie nicht einmal im dritten Himmel ist! Doch lassen wir uns nicht verwirren; denn so wie wir jetzt reden, wird ja in der Welt von denen geredet, die nicht wissen, wovon sie reden, und nur von dem zeugen, was sie erfahren haben, aber nicht demütig wie ein Apostel zu reden verstehen, Gott hingegeben, was auch immer geschehe. Der Apostel sagt, daß er weiß, daß dieser Wechsel ihm von Nutzen sei. Wie einfach, einfältig, wie milde ist nicht diese Rede! Nachdem er in den stärksten Ausdrücken das Seligste und das Schwerste genannt hat, gewonnen und verloren zu haben, dann so beruhigt zu sein! Mein Leser, wenn du die Rede anderer Leute kennst, die ähnliches erlitten haben, da hast du wohl statt dessen einen Angstschrei gehört, daß nun alles für immer verloren sei, einen Ruf der Verzweiflung, daß sie nun nie mehr jene Seligkeit schmecken würden. — Doch wehe dem, der frei sein will von Leiden!

Indessen bezeichnet jener apostolische Ausdruck wohl nicht nur die Verlassenheit, den Schmerz der Trennung, der furchtbarer ist als selbst der des Todes, weil ja der Tod einen Menschen nur vom Zeitlichen trennt und so eine Befreiung ist, während jene Trennung ihn vom Ewigen ausschließt und so eine Gefangenschaft ist, die den Geist von neuem in seinem zerbrechlichen Gefäß seufzen läßt, im engen Raum, im Zustand der Verbannung, denn des Geistes Heimat ist im Ewigen und Unendlichen. Im selben Augenblick beginnt das alles gleichsam von vorn. Der, der außer sich selbst gewesen war, kehrt zurück zu sich selber; aber dieser Zustand, in solcher Weise bei sich selbst zu sein, ist nicht der der Freiheit und des Befreiten. So ist hier die unsagbare Seligkeit vorbei, der Freudengesang der Ernte verstummt, nun soll wieder mit Tränen gesät werden, der Geist soll wieder beklommen sitzen, wieder seufzen, nur Gott weiß, was die Seufzer nicht fassen, wie gut doch die Harfe der Freude wieder in der Verborgenheit der Seele gestimmt wird. Der Mensch ist zu sich selber zurückgekehrt, er ist nicht mehr dadurch selig, daß er gerettet ist von sich selbst im Zu-sich-Selbst und zur Verklärung in Gott, so daß die Vergangenheit ihn fahren lassen muß, ohne Macht, ihn zu richten, weil die Selbstanklage abgeschwächt ist, vergessen im Verständnis mit der unergründlichen Weisheit der Vorsehung, in der Versöhnung seliger Belehrung; so fürchtet das Ewige keine Zukunft, ja sie hofft auf keine Zukunft, sondern die Liebe besitzt alles ohne Aufhören, und es ist kein Wechsel von Licht und Schatten. Sobald der Mensch wieder zu sich selber zurückkehrt, da versteht er es nicht mehr — dagegen versteht er, was bittere Erfahrungen nur allzu unvergeßlich eingeschärft haben, die Selbstanklage, wenn das Vergangene eine solche Forderung an seine Seele hat, wie keine Reue sie ganz einlösen kann, kein Trost auf Gott ganz auslöschen kann, sondern nur Gott selber in der unsagbaren Stille der Seligkeit.

Wieviel Vergangenes kann doch die Seele eines Menschen bergen, wenn er bei sich selber ist, ja gerade je tiefer er ist! Denn ein tierischer Trost, daß die Zeit alles auslöscht, ist furchtbarer als selbst die furchtbarste Erinnerung; und Gedankenlosigkeit, die mit der Zeit spaßt und mit der Ewigkeit liebäugelt, hilft, wie natürlich ist, nur dem, der „dösig auf seinem Weg dahintaumelt"; und hoffärtige Armut, schillerndes Elend der Verlorenheit, die die Zeit ihren Gang gehen lassen, ja nicht einmal der Ewigkeit „Langatmigkeit" begehren es, es sei denn, daß der Himmel auf neue Zerstreuungen bedacht wäre, mit denen die anspruchvollsten Forderungen vorliebnehmen könnten: all dies ist nur Abscheulichkeit, welchen Namen ihm die Welt auch sonst geben mag. Nein, die Zeit als solche kann einem Menschen nicht helfen, das Vergangene zu vergessen, mag sie auch den Eindruck mildern; aber auch wenn ein Mensch, weit entfernt davon, sich selbstanklagend sich wieder und wieder dazu zu verdammen, die Bitterkeit zu verzehren: die Zeit läßt, die Erfahrene, das Vergangene deshalb doch nicht ganz in Vergessenheit geraten, geschweige denn ganz vernichten. Nur die Seligkeit der Ewigkeit vermag das, weil die Seele ganz mit ihr ausgefüllt wird. Darauf kommt es an, daß Zerstreuung dem Leichtsinnigen zum Vergessen, eine gewisse geschäftige Arbeitsamkeit dem mehr Gedankenlosen zum Auswischen der Vergangenheit helfen kann, weil Zerstreuung und die irdische Geschäftigkeit ganz ihre Seele ausfüllen. Aber je tiefer ein Mensch ist, um so weniger glückt es ihm, und nur die Seligkeit des Himmels vermag das Schwierige, dessen Schwierigkeit doch allein zu erfassen schon Ernst erfordert. Denn es ist nicht für den menschlichen Verstand, wenn er nur einmal erwacht ist, nicht für den menschlichen Gedanken, wenn er nur einmal nüchtern geworden ist, das Unwahrscheinlichste von allem, daß etwas vergessen werden kann, ja daß auch Gott etwas vergessen kann, auch daß menschliche Gedankenlosigkeit sogar das Allerwichtigste vergessen kann, all das ist nicht so schwer zu begreifen. Im Augenblick der Seligkeit ist es vergessen oder es ist einträchtig bei der Seligkeit; aber wenn ein Mensch wieder zu sich selber zurückkehrt, ist dies das Unwahrscheinlichste von allem. Und doch ist dieses Unwahrscheinliche, wie überhaupt das Unwahrscheinliche, der Anfang des höchsten Lebens und unergründliches Geheimnis. Der Mensch kann nur im Glauben danach trachten, dem die Wahrscheinlichkeit, von der er beständig absterben muß, entgegenarbeitet; gewänne der Glaube eine Wahrscheinlichkeit, dann wäre alles zugrunde gerichtet und der Glaube verwirrt, da dies bewiese, daß er das Vorläufige nicht zurückgelassen hatte, daß es mit Sinnlosigkeit verwechselt werden könnte, die dem Tier am allerleichtesten fällt. Man hat in einer früheren Zeit geglaubt, daß es des Lebens Bedeutung sei, zuerst die Schwierigkeit zu verstehen, ehe man entweder über die Erklärung jubelte oder herausfand, daß man bei der allgemeinen Erklärung nicht stehenbleiben kann, daß man zuerst vom Schrecken ergriffen werde, ehe man Siegeshymnen singt.

Wir kennen nun freilich das Leben Pauli nicht genau, aber wir kennen ja Paulus, was die Hauptsache ist. Wie nämlich der sinnliche Mensch daran kenntlich ist, daß er den

Splitter im Auge des Bruders sieht, nicht aber den Balken im eigenen, daß er bei anderen streng über denselben Fehler urteilt, den er sich selber vergibt, so ist dies das Kennzeichen des tieferen und bekümmerten Menschen, am strengsten über sich selber zu urteilen, alle Erfindsamkeit zu benützen, um einen andern Menschen zu entschuldigen, aber nicht sich selber entschuldigen oder vergeben zu können, ja davon überzeugt zu sein, daß es so ist, daß der andere entschuldbarer ist, weil ja allezeit eine Möglichkeit zurückbleibt und weil der Mensch im Verhältnis zu dem einzigen Menschen dieser Möglichkeit beraubt ist, der er selber ist. So eine schwierige Sache ist es mit der Freimütigkeit; denn sie ist doch nicht ganz eindeutig mit Geistesschwäche zu verwechseln, man kann auch ganz gut bei ihr stehenbleiben und braucht nicht weiterzugehen, indem man sogar Gott richten will, wenn anders die Freimütigkeit eine Freimütigkeit am Tage des Gerichtes ist, wozu ja gefordert wird, daß Gottes Gericht Gedanken und Sinne durchdringe, wenn anders sie Vertrauen auf Gottes Barmherzigkeit ist und diese Rede nicht ein falscher göttlicher Ausdruck für die eigene Gedankenlosigkeit, die sich nicht auf Gott vertröstet, sondern die damit getröstet ist, daß sie längst aufgehört hat, sich zu sorgen. Vermag auch kein Mensch sich selber freizusprechen, eines vermag er: sich selbst so furchtbar anzuklagen, daß er sich nicht selbst freisprechen kann, sondern lernt, zur Barmherzigkeit zu finden. In dieser Hinsicht versteht ein Mensch den andern nur schwerlich; denn der ernste Mensch legt immer den Nachdruck auf sich selber. — Das Leben Pauli war sehr bewegt gewesen, und wie die rastlose Wirksamkeit des Apostels ihm viele, viele frohe Erinnerungen eingebracht hatte, so hat sie doch auch ihre Rastlosigkeit gehabt, die ihn mit aller Macht gegen den Stachel löcken ließ, der ihn für sein übriges Leben mit einer Erinnerung verwundete, die nun wie ein Pfahl im Fleische brennt, wie ein Engel Satans ihn verstummen macht. Laß nur eine weltliche Verwunderung meinen, daß Paulus doch allezeit groß war, daß selbst in seinem Irrtum noch etwas Außerordentliches war, der, der Trost oder Rat bei einem Apostel sucht, sieht ja rasch, daß ein Apostel nicht nach dem Hohen und Außerordentlichen trachtet, sondern nach dem Demütigen, wie hat damit Paulus im Ernst das Vergangene aufgefaßt? Gewiß, er war in einem seltenen Sinne ein anderer Mensch geworden, ein neues Geschöpf, er hatte nicht bloß den Namen gewechselt, sondern war in einem andern Sinne doch derselbe Mensch. Gewiß, das Vergangene war zurückgedrängt, es konnte keine Macht mehr erlangen, ihn mit seinem Schrecken zu ergreifen, da er nach dem Vollkommenen lief; gewiß, er saß nicht stille, verhext in einem Zauberkreis von Erinnerungen, denn er machte alles neu, wohin er kam; gewiß, er hatte die Seligkeit des Himmels vernommen und des Geistes Pfand behalten, aber da war doch eine Erinnerung. Und eine Erinnerung ist schwierig im Umgang: bald ist sie weit weg, bald ist sie so flugs bei der Hand, als wäre sie nie vergessen. Wenn er Christus als den Gekreuzigten predigte — kreuzige ihn; so riefen ja die Juden. Wo war Paulus, als dies geschah; wir wissen es nicht, aber als Stephanus gesteinigt wurde, saß er dabei und bewachte die Kleider der Henker. Wenn er einen Augenblick im Laufe stille stand, wenn ihn die Erinnerung betrog, so daß er die Predigt nicht hörte, sondern den Schrei, nicht sich selber predigen, sondern drohen! Wenn er Christus als den Weg verkündigte, als den Weg, den er selbst betreten und vielen gezeigt hatte, da war ja auch dieser Weg dagewesen, ehe Paulus ihn betrat, er war ja auch da, als Saulus vom Hohen Priester die Erlaubnis erhielt, die gefangen zu nehmen, „die auf diesem Wege waren", er betrat ihn also auch damals, als er mit Zorn- und Drohworten wider die Christen raste. Wohl wahr, Paulus hatte freie Menschen seit jener Zeit gefangen, weit mehr, weit, weit sicherer als da er sie gefangen nach Jerusalem führte, aber jene Unglücklichen, wo waren sie jetzt? Wenn er stille stand, wenn die Erinnerung an ihm vorbeiging, so daß er in banges Grübeln versank, ob er jene Unglücklichen nicht wiederfinden könnte; wenn die Zweifel in ihm stärker wurden: ob doch all seine Wirksamkeit, ob die Verkündigung des Wortes für alle anderen Menschen auch das war, was er zu tun hatte! Sicherlich meinte Saulus, daß sein Eifer ein Gott wohlgefälliger Eifer sei, oh, aber gerade das, sich selber greifen zu müssen oder ergriffen zu werden in einem solchen Selbstbetrug, und also bereuen zu müssen, was er einmal für Gott wohlgefällig ansah (welch eine Umwälzung in Gedanken und Sinnen; welche

Schwierigkeit für die Reue ihren Gegenstand zu ergreifen und festzuhalten, welches Zeichen des Entsetzens: das Beste bereuen zu müssen, das man getan hat, ja was man sogar für Gott wohlgefällig ansah), und somit also den Schrei der Verfolgten bereuen zu müssen, das Elend der Gefangenen (welche Mühseligkeit der Reue; denn es war ja nicht des Saulus Lust gewesen, es zu tun, sondern Eifer, wie er meinte, für die gute Sache), und also zum Lohn für seinen Eifer nicht einmal der Menschen Undankbarkeit ernten zu müssen, sondern die Bitterkeit der Reue, weil er gerast hatte! Vor Agrippa wird Paulus als Gefangener dargestellt, und der König sagte zu ihm: „Paulus, du rasest" — wenn dieses Wort: „du rasest", ihn festgebannt, seine Erinnerung zur Verwechslung Anlaß gegeben hätte, wenn jenes heilige Feuer, das in ihm als ein Gott wohlgefälliges Opfer brannte, von neuem gerast hätte, wenn er, um Gott zu preisen, ein Selbstplager geworden wäre; denn auch dazu bedarf es einer großen Seele! Aber Paulus wußte, daß es ein Engel Satans war — ach, darum weicht er ja nicht von ihm; aber er wußte, daß es ihm von Nutzen war, daß dies geschah, und wußte auch, daß jener Engel Satans doch ein Sendbote Gottes war. Ist dies nicht ein Wunder: einen Engel Satans zum Sendboten Gottes zu verwandeln; sollte Satan selber nicht müde werden! Denn wenn ein Engel der Finsternis sich mit allen Schrecken umgibt, dessen sicher, daß, wenn er nur Paulus dazu bringe, auf ihn zu sehen, er wohl versteinert würde; wenn er im voraus des Paulus spottet, daß er nicht den Mut dazu habe, da heftet der Apostel das Auge auf ihn, er zieht es nicht hurtig in Angst zurück, er schlägt es nicht nieder vor Entsetzen, er späht nicht mit unsicheren Blicken nach ihm, sondern er sieht ihn fest und unerschrocken an; je mehr er ihn ansieht, desto deutlicher wird ihm, daß es ein Sendbote Gottes ist, der ihn besucht, ein freundlicher Geist, der ihm wohlwill. Man hat fast Mitleid mit dem armen Teufel: so der Schreckende sein zu wollen und nun so durchschaut dazustehen, ins Gegenteil verwandelt, nur darauf bedacht, zu entschlüpfen. Da wich die Vergangenheit zurück; die Angst hielt sie gefangen, schnitt die Verbindung mit ihr ab, stritt gegen sie, ob sie auch nun mit ganzer Macht vordringen wollte, oder ob ein einzelner Überläufer zu überrumpeln versuchte;

und der Glaube hielt die aufrührerischen Gedanken im Gehorsam unter Gottes Gnade, die den Apostel über alle Maßen tröstete, denn er wußte ja, daß er ein unnützer Diener war, der Geringste der Apostel, nicht wert, ein Apostel zu heißen, weil er Gottes Gemeinde verfolgt hatte (1 Kor. 15, 9), hätte Paulus seine Apostelwirksamkeit abgeschätzt, sie als Genugtuung für das Vergangene gelten lassen wollen, da wäre der Aufruhr von neuem ausgebrochen, und auch nicht Paulus hätte ihn bezwingen können; während er ihm so zum Pfahl im Fleisch wurde, nicht durch sich selber, sondern weil die unsagbare Seligkeit von ihm gewichen war. Aber dieser Aufruhr begründet die Vergangenheit ständig neu, die wiederkommen will mit neuen Schrecken als Zukunft. In der Zeit gibt es da keine Sicherheit, so daß ein Mensch mit weltlicher Ruhe sagen kann: Friede und Sicherheit, es sei denn, er finde Trost in Gedankenlosigkeit. Da gilt es zu laufen; ach, man möchte gerne schneller und schneller laufen, aber an der Zeit läuft man nicht vorbei, solange man in der Zeit läuft. Du weißt, wovon die Rede ist, nenne es eine Flucht, durch die du gleichsam schon hinter dem Vorhang entschlüpft bist, der dich von allen Schrecken und aller Not der Welt trennt, gerettet aus der Schlinge des Rückfalls, die du weit hinter dir gelassen hast, aber da fehlte doch ein wenig; nenne es einen Streit, indem du gleichsam gesiegt hattest, und wiewohl du angestrengt doch all deine Kräfte fühltest zum letzten Anlauf, mit dem du das Kleinod für alle Ewigkeit an dich reißen wolltest, daß da doch ein wenig fehlte; nenne es einen herrlichen Ausgang nach mühseliger Wanderung im Nebel der Unbegreiflichkeit, als die Erklärung hereinschien und Leiden und Mangel und Gefahr und Beschwerlichkeit und der Angst Bedeutung erklärte, als des Verständnisses gesegneter Friede darüber leuchtete, aber es fehlte da doch noch ein kleines Wort; du weißt, wovon die Rede ist, laß es dir geschehen sein im Anfang als Erfüllung der Seligkeit, die dem guten Vorsatz ihre treue Hand bot, aber da war noch eine Schwierigkeit, die mehr zurücklag; laß es dir geschehen sein, im Fortgang der Zeit, als die Erfüllung treulich Schritt für Schritt dem Wanderer folgte, nicht vorauseilte wie der Schatten in der Morgenstunde, nicht zurückblieb wie der abendliche Schatten der Erinnerung, aber da war doch noch eine Mißlichkeit zurückgeblieben, die jedem entging, nur nicht der Spitzfindigkeit der Angst — du weißt, wovon die Rede ist, dir sei es gesagt, daß es darum ging, wie die Ungeduld plötzlich kampfstark erwachte, und mit ihrer Angst das Zuwenig in Zuviel verwandelte, die kurze Zeit zur Ewigkeit, den kleinen Abstand zur klaffenden Tiefe, jene eine Schwierigkeit zur Entscheidung des Ganzen, jene eine Mißlichkeit zum Verlust des Ganzen; daß die Rede darum geht, wie die Kraft in Ohnmacht hinsank, die Verzweiflung jede Hilfe verscheuchte, die Verzagtheit sich jede Hoffnung versagte, wie das Vergangene, von dem die Seele sich losgekauft zu haben glaubte, wieder dastand mit seiner Forderung, nicht wie eine Erinnerung, sondern schrecklicher als je, indem sie sich mit der Zukunft verschworen hatte, daß die Rede ist — vom Pfahl im Fleisch. Eine alte, ehrwürdige und zuverlässige Erbauungsschrift sagt, daß Gott mit einem Menschen so verfahre, wie der Jäger mit dem Wild: er jagt es müde, dann läßt er es ein wenig pausen, damit es frische Kräfte sammle, und dann beginnt die Jagd von neuem. Daß eine Erbauungsschrift so zum Schrecken redet, heißt das nicht, sich wie der Jäger gebärden: mit ihrem Namen die Menschen zur Rast der Erbauung einzuladen und sie dann aufzuschrecken. Und doch ist es so in der Ordnung, und wir wollen die Erbauung annehmen; denn wehe dem, der erbauen will, ohne den Schrecken zu finden; er weiß ja nicht, was er selber will. Aber der, der weiß, daß der Schrecken da ist, der weiß auch, daß die Jagd der Angst immer wieder von neuem beginnt, oder wenn es keinen Rückfall gibt, so ist doch die Angst vor ihm da, wenn sie der Zukunft die Kraft entlehnt. Wenn das Vergangene seinen Lauf nimmt, um zu werden, was es ist, das Vergangene, wenn ein Mensch es hinter sich läßt, um den guten Weg zu betreten, und nicht allzuoft zurücksieht, da verändert er sich selber nach und nach, und das Vergangene verändert sich unmerklich im selben Maße, und zuletzt passen sie gleichsam nicht mehr zueinander, das Vergangene schwindet zu einer unbestimmteren Gestalt, es wird eine Erinnerung, die Erinnerung wird weniger und weniger schrecklich, sie wird stiller, sie wird milde, sie wird wehmütig, und mit jeder dieser Bestimmungen steht sie im Begriff, sich mehr und mehr zu entfernen, zuletzt wird das Vergangene ihm fast fremd, er faßt nicht einmal, wie es möglich war, daß er sich so verirren konnte, und er hört die Erzählung der Erinnerung wie der Wanderer die Sage von einem fernen Land — aber der Rückfall lehrt einen verstehen, wie es möglich war; ja die Angst vor dem Rückfall, wenn sie plötzlich erwacht, wenn sie auch nur einen Augenblick erscheint, sie weiß ihn zu nutzen, um alles so gegenwärtig zu machen, nicht wie eine Erinnerung, sondern wie ein Zukünftiges. Doch ein Apostel erkennt, daß ihm dies von Nutzen ist, und zwar daran, daß jede zeitliche Angst, die bloß wünscht, auch verzehrt, daß jedes Selbstvertrauen, das schon fertig sein will, aber im Fegfeuer der Möglichkeiten verbrannt wird, daß jede Feigheit, die sich an der Gefahr vorbeischleichen will, in der Wüste der Erwartung umkommen muß. — Nur mit großer Schwierigkeit lernt ein Mensch sich selber erkennen, sein Trachten nach dem Ewigen kann in aller Aufrichtigkeit geschehen, und doch kann eine Gefahr bestehen, von der er, wenn es ihm selber überlassen bliebe, so gerne frei sein möchte, die er so gerne umgehen würde, und so kann bei aller Demut dennoch eine verborgene Eitelkeit in ihm sein, da er sich nicht selber bis zum Äußersten erkennen lernte, weil er nicht bis zum Äußersten geängstigt wurde, zu Tod und Vernichtung. Man richtet keinen, oder ein jeder nur sich selbst, ach, alles schien so gesichert, wenn nur nicht diese Gefahr da wäre; die Seligkeit des Himmels war so unsagbar, und nun diese Möglichkeit! Da brennt der Pfahl im Fleisch; denn wenn ein Mensch nicht die Seligkeit des Himmels vernommen hat, dann wird er wohl auch nicht so viel erleiden. Oh, daß es doch rasch geschehen wäre, daß es endlich heißen müßte: vorbei! Aber wenn man geängstigt wird, geht die Zeit langsam; und wenn man viel geängstigt wird, dann ist selbst ein Augenblick langsam mordend; und wenn man zu Tode geängstigt wird, dann steht zuletzt die Zeit still. Laufen zu wollen, schneller als je, und dann den Fuß nicht rücken zu können; den Augenblick kaufen zu wollen mit Einsatz von allem, und dann zu lernen, daß er nicht feil ist, weil „es nicht am Wollen oder Laufen liegt, sondern an Gottes Barmherzigkeit" (Röm. 9, 16). Daß dies einem Menschen von Nutzen ist, wer versteht das; denn hier erdreistet sich die Gedankenlosigkeit doch wohl nicht, mit dem helfen zu wollen, was sie so gewöhnlich zur Erklärung des im Leben Nützlichen sagen kann.

Wir haben vom Pfahl im Fleisch geredet; wir haben versucht, den Ausdruck im allgemeinen zu erklären, das heißt, in jenem allgemeinen, in welchem es dadurch, daß es einen einzigen Menschen angeht, alle angeht. Im besonderen haben wir uns nicht darum gekümmert, zu ergründen, was Paulus für seine Person mit diesem Ausdruck gemeint haben könnte, am wenigsten von allen wünschten wir in derselben Meinung danach zu fragen, wie wenn einer fragte, ob Paulus groß oder klein von Wuchs gewesen sei, schön von Angesicht und anderes solches. Im besonderen wollen wir auch nicht versuchen, das vielleicht Zufällige, das vielleicht Unbedeutende anzudeuten, das in dem Einzelnen dessen Pfahl im Fleisch sein kann. Vielleicht möchte die Schilderung einen Leser dadurch fesseln, vielleicht könnte sie sogar dem Redenden seine Bewunderung abgewinnen; aber es wäre ja doch unzuträglich, wenn der Redende so die Erbauung stören wollte. Die allgemeine Erklärung dagegen ist diese: daß das höchste Leben auch sein, ja das schwerste Leiden hat; daß auch nicht einer leichtsinnig das wünschen soll, dessen Gefahr er lügnerisch ausläßt; daß nicht einer mißmutig werden soll, wenn er in Gefahren gerät, von denen er vielleicht nichts ahnte; daß nicht einer geistlos seines Lebens bequeme und behagliche Tage preisen soll. Nur daß ein Mensch recht auf diese Gefährlichkeit aufmerksam wird, dadurch ist er schon im Begriff, den guten Streit zu beginnen. Der Trost kommt wohl, doch man ergreife ihn nicht zu früh. Der, der hier geredet hat, ist noch jung, er soll keinen daran hindern, erschreckt zu werden; denn er soll keinen trösten können mit der zweideutigen Erfahrung, daß ein langes Leben ihn gelehrt habe, daß die Gefahr nicht so groß war, wie ein Apostel sie schildert und wie sie wohl jeder tiefere Mensch einmal in der Jugend geahnt hat, bis sich die Wege scheiden: der eine Weg, den guten Streit in Gefahr und Schrecken zu streiten; der andere, um klug und geistlos sich in Sorglosigkeit des Lebens zu erfreuen.

II

CHRISTUS

Laßt uns nun ganz ungeniert von ihm sprechen, genau wie die Zeitgenossen von ihm geredet haben, und wie man von einem Zeitgenossen, einem Menschen wie wir andern, den man im Vorbeigehen auf der Straße trifft, redet, von dem man weiß, wo er wohnt, in welchem Stock, was er ist, wovon er lebt, wer seine Eltern sind und seine Verwandten, wie sein Gesundheitszustand ist, wie er sich kleidet, mit wem er umgeht, „und etwas Außerordentliches ist an ihm nicht zu entdecken, er sieht genauso aus wie alle andern", kurz, wie man von einem Zeitgenossen spricht, von dem man nicht viel Aufhebens macht; denn in der Situation der Gleichzeitigkeit mit diesen Tausenden und aber Tausenden von *wirklichen* Menschen ist für einen solchen Unterschied kein Raum: zwischen einem, dessen man sich vielleicht in aller Zukunft erinnern wird, und einem *wirklichen* Ladendiener, der „ebenso gut wäre wie er". — Laßt uns also von ihm reden, wie die Zeitgenossen von einem Zeitgenossen reden. Ich weiß wohl, was ich tue; und glaube mir, die angelernte, dressierte, träge welthistorische Gewohnheit, aus der heraus man immer mit einer gewissen Ehrerbietung von Christus redet, weil man eben aus der Geschichte so viel von ihm zu wissen bekommen hat und so mancherlei gehört hat, daß er eigentlich so etwas Großes gewesen sein soll — diese Ehrerbietung ist keinen Deut wert, sie ist Gedankenlosigkeit, Scheinheiligkeit, an und für sich Gotteslästerung; denn es ist Gotteslästerung, gedankenlose Ehrerbietung vor dem zu haben, an den man entweder glauben oder über den man sich ärgern muß.

Dies ist der erniedrigte Jesus Christus, ein geringer Mensch, geboren von einer verachteten Jungfrau, sein Vater war ein Zimmermann. Er tritt allerdings unter Verhältnissen auf, die die Aufmerksamkeit ganz besonders auf ihn lenken müs-

sen. Das kleine Volk, in dem er auftritt, Gottes auserwähltes
Volk, wie es sich nennt, wartet auf einen Verheißenen, der
Land und Volk eine goldene Zeit bringen soll. Es ist deutlich,
daß die Gestalt, in der er auftritt, so verschieden wie nur
möglich ist von der Erwartung der meisten. Dagegen entspricht sie mehr alten Weissagungen, die man im Volk wohl
als bekannt voraussetzen muß. So tritt er auf. Ein Vorläufer
hat die Aufmerksamkeit auf ihn gelenkt, und selber zieht er
sie zweifellos durch Wunder und Zeichen auf sich, davon
wird im ganzen Land gesprochen — und er, der Held des
Tages, überall auf Schritt und Tritt von einem zahllosen
Menschengewimmel umgeben. Die Sensation, die er hervor-
ruft, ist ungeheuer, aller Augen sind auf ihn gerichtet. Alles,
was laufen kann, ja alles, was kriechen kann, muß dieses
Wunder gesehen haben — und alle müssen sich ein Urteil,
eine Meinung über ihn bilden, so daß die Lieferanten von
Meinungen und Urteilen beinahe aufgeben müssen, weil die
Nachfrage so reißend ist und die Widersprüche sich so kreu-
zen. Doch der Wundertäter ist immer noch derselbe geringe
Mensch, der buchstäblich nichts hat, wohin er sein Haupt
legen kann. — Und laßt uns nicht vergessen, daß Zeichen
und Wunder in der Situation der Gleichzeitigkeit eine ganz
andere Elastizität besitzen, abzustoßen und anzuziehen, als
jenes zahme Gerede — wie es die Pfarrer im allgemeinen
aufwärmen: jenes noch zahmere Gerede — von Zeichen und
Wundern — vor 1800 Jahren. Zeichen und Wunder sind in
der Situation der Gleichzeitigkeit etwas verdammt Aufdring-
liches, etwas, was einen auf höchst unangenehme Weise beinahe dazu zwingt, eine Meinung zu haben, etwas, worüber
man höchst erbittert werden kann, wenn man gleichzeitig
damit ist und nun einmal nicht dazu aufgelegt ist, zu glauben,
weil einem dadurch das Leben viel zu anstrengend gemacht
wird, und zwar um so mehr, je verständiger, entwickelter
und gebildeter man ist. Es ist eine ganz besondere Sache darum, von einem Zeitgenossen annehmen zu müssen, daß er
wirklich Zeichen und Wunder tut — hat man ihn dagegen
auf Abstand und hilft einem das Ergebnis seines Lebens in
Einbildungen hinein, kann man sich leicht einbilden, daß man
es glaubt. Die Masse ist also von ihm begeistert, folgt ihm
jubelnd, sieht Zeichen und Wunder, sowohl solche, die er tut,

als solche, die er nicht vollbringt, froh in der Hoffnung, daß die goldene Zeit nun beginnen werde, sobald er König wird. Die Masse aber gibt sich selten Rechenschaft über ihre Meinung, sie urteilt heute so und morgen so. Der Kluge und Verständige teilt deshalb nicht ohne weiteres dies Urteil. Laßt uns nun sehen, was der Kluge und Verständige urteilen muß, wenn der erste Eindruck der Überraschung und des Erstaunens verschwunden ist. Der Kluge und Verständige müßte sagen: „Selbst angenommen, daß dieser Mann das Außerordentliche ist, wofür er sich ausgibt — denn daß er Gott sein sollte, kann ich nur als eine Übertreibung auffassen, was ich ihm gern zugute halten und verzeihen würde, wenn ich ihn wirklich für das Außerordentliche hielte, denn an Worte hänge ich mich nicht — angenommen also, wobei ich übrigens meine Bedenken habe und worüber ich jedenfalls mein Urteil suspendiere, daß das, was er tut, Mirakel sind: bleibt es dann nicht trotzdem ein unerklärliches Rätsel, daß dieser selbe Mann so töricht, so beschränkt, so völlig aller Menschenkenntnis bar, so schwach oder so gutmütig-eitel oder, wie man es nun nennen will, sein kann, sich so zu benehmen, daß er den Menschen seine Wohltaten beinahe aufnötigt! Statt stolz und herrschend die Menschen in der Ferne der tiefsten Unterwerfung von sich abzuhalten und ihre Anbetung entgegenzunehmen, wenn er sich selten einmal sehen ließ: statt dessen allen zugänglich zu sein oder — noch richtiger ausgedrückt — selbst zu allen zu gehen, mit allen umzugehen, beinahe, als bestünde das Außerordentliche darin, aller Diener zu sein, als wäre das das Außerordentliche, was er selbst zu sein behauptet, nämlich darum besorgt zu sein, ob die Menschen Nutzen von ihm entgegennehmen wollen oder nicht, kurz und gut, als sei das das Außerordentliche, der am meisten Besorgte von allen zu sein. Unerklärlich ist es mir, was er will, was seine Absicht ist, worauf sein Streben gerichtet ist, worin der Sinn besteht. Er, der mit so manchem einzelnen Ausspruch — das kann ich nicht abstreiten — verrät, daß er tiefen Einblick in das menschliche Herz besitzt, er müßte doch wohl auch wissen, was ich ihm mit weniger als der Hälfte meiner Klugheit voraussagen kann, daß man auf diese Weise es in dieser Welt zu nichts bringt — es sei denn, daß man, die Klugheit verachtend, redlich danach strebt, ein Tor zu werden, oder in seiner Redlichkeit vielleicht gar so weit geht, daß man vorzieht, sich totschlagen zu lassen; wenn man aber das will, dann muß man doch wohl verrückt sein. Wie gesagt, als Menschenkenner muß er das doch wohl wissen, daß man die Menschen betrügen muß, um dann seinem Betrug den Schein von Wohltaten zu geben, die man dem ganzen Menschengeschlecht erweise. Dann erntet man alle Vorteile, selbst den köstlichsten von allen, schon von seinen Zeitgenossen Wohltäter der Menschheit genannt zu werden — und liegt man erst im Grabe, so pfeift man darauf, was die Nachwelt von einem sagt. Sich aber so hinzugeben wie er, nicht das mindeste auf sich selbst zu halten, die Menschen beinahe darum zu betteln, doch seine Wohltaten anzunehmen: nein, es könnte mir nie einfallen, mich ihm anzuschließen. Und er lädt mich selbstverständlich auch nicht ein, denn er lädt ja nur die ein, die mühselig und beladen sind."

Oder: „Sein Leben ist ganz einfach eben Phantasterei; und das ist sogar der mildeste Ausdruck, den man dafür finden kann, denn, wenn man so urteilt, ist man gutmütig genug, die reine Verrücktheit, daß er sich selbst für Gott hält, ganz zu vergessen. Das ist Phantasterei. So kann man höchstens ein paar Jahre in seiner Jugend leben, aber er ist doch schon 30 Jahre alt. Und er ist buchstäblich nichts. Und ferner: In ganz kurzer Zeit muß er alle Achtung und alles Ansehen beim Volke verloren haben — das einzige, was er sich bisher hat schaffen können, wenn man davon überhaupt sprechen will. Will man sich die Gunst des Volkes auf die Dauer sichern, was freilich — das will ich gern einräumen — das Unsicherste ist, was man überhaupt tun kann, muß man ganz anders vorgehen. Es dauert nur wenige Monate, bis die Masse jemanden, der sich so zur Verfügung stellt, über hat; er wird als verlorene Person angesehen, als eine Art *mauvais sujet*, der froh sein kann, wenn er in einem Winkel der Welt, die Welt vergessend und von der Welt vergessen, enden darf, falls er nicht, dadurch daß er auf seinem Posten bleibt, indem er alles Vorhergegangene fortführt, so phantastisch sein sollte, daß er totgeschlagen werden will, was die unvermeidliche Folge davon ist. Was hat er für seine Zukunft getan? Nichts. Hat er eine feste Stellung? Nein. Was für Aussichten hat er? Keine. Schon dies ganz Einfache, wie er sich die Zeit vertreiben will, wenn er älter wird, die langen Winterabende, womit will er sie ausfüllen, wenn er nicht einmal Karten spielen kann? Er besitzt ein bißchen Volksgunst — wahrhaftig von aller beweglichen Habe die allerbeweglichste, die im Handumdrehen eine ungeheure Volksungunst werden kann. — Mich ihm anschließen? Nein! danke, verrückt bin ich glücklicherweise noch nicht geworden."

Oder: „Daß etwas Außerordentliches an diesem Menschen ist, daran kann eigentlich kein Zweifel herrschen (vorausgesetzt, daß man sich sein Recht und das des gesunden Menschenverstandes vorbehält, sich jeden Urteils über seine Behauptung, Gott zu sein, zu enthalten). Eher könnte man noch auf die Vorsehung erbittert werden, daß sie einem solchen Menschen so etwas anvertraut hat, so einem Menschen, der das Gegenteil von dem tut, was er selbst sagt: daß man seine Perlen nicht vor die Säue werfen soll, weshalb diese sich schließlich auch umkehren würden, um ihn niederzutreten. Auf so etwas muß man bei Säuen immer vorbereitet sein — dagegen sollte man nicht erwarten, daß der, welcher selbst darauf aufmerksam macht, eben das tut, was man nach seiner Erfahrung nicht tun soll. Ja könnte man ihm auf geschickte Weise sein Wissen ablisten — wobei er den höchst merkwürdigen Gedanken, auf den er selbst soviel Wert zu legen scheint, nämlich, daß er Gott sei, mit größtem Vergnügen als sein ausschließliches Eigentum behalten darf — könnte man ihm sein Wissen ablisten — ohne sein Jünger zu werden! Könnte man sich bei Nacht zu ihm schleichen und es aus ihm herausholen. Denn es dann redigieren und herausgeben, dazu wollte ich schon der rechte Mann sein, wenn auch auf eine ganz andere Weise. Zum Erstaunen der ganzen Welt sollte dabei etwas ganz anderes herauskommen — dafür verbürge ich mich! Denn so viel kann ich allerdings sehen, daß in dem, was er sagt, etwas außerordentlich Tiefes steckt — das Unglück liegt nur in dem, was er ist. Aber vielleicht, wer weiß, vielleicht läßt es sich am Ende so einrichten, daß er es sich ablocken läßt, vielleicht ist er in dieser Beziehung wieder so gutmütig verrückt, daß er sich ganz offen mitteilt. Unmöglich wäre es nicht, denn mir kommt es so vor, als sei die Weisheit, die er offenbar besitzt, einem Narren anvertraut worden, als man sie ihm anvertraute: solch ein Widerspruch ist sein Dasein. — Aber mich ihm anschließen, sein Jünger werden, nein, das bedeutete, sich selbst zum Narren machen."

Oder: „Falls dieser Mann — was ich indessen unentschieden lasse — das Gute und Wahre will, so stiftet er wenigstens immerhin Gutes, besonders für Jünglinge und die unerfahrene Jugend, denen es in Anbetracht des Ernstes im Leben außerordentlich nützlich ist, diesen Ernst so früh wie möglich und so gründlich wie möglich einzusehen: er macht es selbst dem Allerverblendetsten augenfällig deutlich, daß alles hochtrabende Gerede darüber, daß man für das Gute und Wahre leben will, eine gute Portion Lächerlichkeit in sich trägt — er beweist, wie richtig die Dichter unserer Zeit gesehen haben, wenn sie das Gute und Wahre immer von einer halbwegs albernen Person darstellen lassen oder aber von jemandem, der so dumm ist, daß man mit ihm Türen einrennen könnte. Sich so anzustrengen wie dieser Mensch, auf alles zu verzichten außer auf Mühe und Arbeit, zu allen Tageszeiten zur Verfügung zu stehen, eifriger als selbst der geschäftigste praktizierende Arzt — und zwar wofür? Weil es sein Beruf ist? Nein, nicht im entferntesten: soweit man sehen kann, ist es ihm anscheinend noch nie eingefallen, solcherlei haben zu wollen. Verdient er denn Geld dadurch? Nein, keinen Groschen — er besitzt nicht einmal einen Groschen, und wenn er ihn besäße, würde er ihn sofort weggeben. Tut er es denn, um Ehre und Ansehen im Staate zu erlangen? Ganz im Gegenteil: er verabscheut alles weltliche Ansehen. Und gerade der, der nun einmal alles weltliche Ansehen verschmäht und die Kunst, von nichts zu leben, treibt, gerade der, der dazu geschaffen scheint, wenn überhaupt jemand dazu ausersehen ist, sein Leben im angenehmsten Farniente hinzubringen (was an und für sich durchaus sinnvoll ist): gerade *der* lebt angestrengter als irgendein Staatsdiener, der mit Ehre und Ansehen belohnt wird, angestrengter als irgendein Geschäftsmann, der Geld wie Heu verdient. Weshalb strengt er sich denn so an, oder (doch wozu diese Frage nach dem, worüber man gar nicht im Zweifel sein kann!): sich so anzustrengen, um das Glück zu erlangen, ausgelacht und verspottet usw. zu werden, das ist wahrlich ein ganz besonderes Vergnügen. Daß sich Leute durch die Menge drängen, um an eine Stelle zu gelangen, wo Geld, Ehre und Ruhm verteilt werden, das läßt sich verstehen: das ist verständlich. Sich aber vordrängen, um gestäupt zu werden: wie erhaben, wie christlich, wie dumm!"

Oder: „Man hört über diesen Menschen so viele übereilte Urteile von Leuten, die nichts verstehen — und die ihn vergöttern, und so viele strenge Urteile von anderen, die ihn vielleicht doch mißverstehen — mich soll man jedoch nicht mit Recht beschuldigen können, daß ich übereilt urteile. Ich verhalte mich ganz kühl und ruhig, ja, was mehr ist, ich bin mir bewußt, daß ich mich gegen ihn so nachgiebig und gemäßigt verhalte, wie nur möglich; mag sein, daß dieser Mensch sogar dem Verstande imponiert, was ich indessen nur bis zu einem gewissen Grade zugeben möchte. Wie soll man nun über ihn urteilen? Mein Urteil wird sein: zunächst kann ich keine Meinung über ihn haben. Ich meine nicht in bezug darauf, daß er von sich sagt, er sei Gott; denn darüber werde ich in alle Ewigkeit keine Meinung haben können; nein, ich meine, über ihn als Menschen. Erst das Ergebnis seines Lebens wird entscheiden können, ob er wirklich das Außerordentliche war oder ob er, von seiner Einbildungskraft betrogen, nicht einen allzu großen Maßstab angelegt hat, nicht bloß in bezug auf sich selber, sondern überhaupt in bezug auf das Mensch-Sein. Mehr kann ich beim besten Willen nicht für ihn tun; und wenn er mein einziger Freund, mein eigenes Kind wäre, könnte ich nicht schonender und auch nicht anders über ihn urteilen. Daraus folgt indessen höchstwahrscheinlich, daß ich mir aus guten Gründen keine Meinung über ihn bilden kann, denn um mir eine Meinung zu bilden, muß ich erst das Ergebnis seines Lebens sehen, und zwar bis zum Letzten, d. h., erst muß er tot sein. Erst dann kann ich, und auch dann nur vielleicht, eine Meinung von ihm haben; und selbst wenn man das annimmt, handelt es sich nur im uneigentlichen Sinne um eine Meinung über ihn, denn dann wäre er ja nicht mehr da. Ganz von selbst folgt daraus, daß ich mich ihm unmöglich anschließen kann, solange er lebt. Die *Autorität*, mit der er angeblich lehrt, kann für mich keine ausschlaggebende Rolle spielen, denn es ist ja leicht einzusehen, daß er sich in einem Zirkel bewegt, indem er sich auf das beruft, was er beweisen soll, was wiederum nur durch das Ergebnis bewiesen werden kann, insofern dies nicht mit seiner bekannten fixen Idee zusammenhängt, daß er Gott sei; denn wenn er *darum* Autorität besitzt, weil er Gott ist, so muß die Antwort lauten: ja — eben, *wenn!* So viel kann ich ihm dagegen zugestehen, daß, wenn ich mir vorstellte, ich lebte in einer späteren Generation, und falls das Ergebnis seines Lebens, die Folgen seines Lebens in der Geschichte, es offenbar gemacht hätten, daß er der Außerordentliche war: da würde es nicht weitab sein, da würde nicht viel daran fehlen, daß ich sein Jünger würde."

Der *Geistliche* müßte sagen: „Für einen Betrüger und Volksverführer ist er eigentlich ungemein ehrlich, deshalb kann er auch nicht so unbedingt gefährlich werden, wenn es auch recht gefährlich aussieht, solange der Sturm dauert, wenn es auch noch so gefährlich mit seiner Popularität aussieht, bis dann der Sturmwind vorüber ist und das Volk — gerade dasselbe Volk — ihn wieder stürzt. Das Ehrliche besteht darin, daß er sich für den Verheißenen ausgibt und ihm dann so wenig ähnelt — das ist so ähnlich, wie wenn einer falsche Scheine ausgeben wollte und sie dann so schlecht machte, daß jeder, der nur ein bißchen davon versteht, sie sogleich kennen könnte. Zwar ist es wahr, daß wir alle einen Verheißenen erwarten, doch daß Gott in eigener Person kommen sollte, das erwartet bestimmt kein Vernünftiger, und jeden Religiösen schauert's vor der Gotteslästerung, die dieser Mensch begeht. Daß wir aber einen Verheißenen erwarten, darin sind wir alle einig. Aber die Weltregierung schreitet nicht in tumultarischen Sprüngen fort, die Weltentwicklung geschieht nicht — das liegt ja schon darin beschlossen, daß es eine Entwicklung ist — nicht *revolutionär*, sondern *evolutionär*. Der wahre Verheißene wird deshalb ganz anders aussehen, er wird als die herrlichste Blüte und die höchste Entfaltung des Bestehenden kommen. Auf diese Weise wird der Verheißene kommen, und er wird ganz anders handeln; er wird das Bestehende als Instanz anerkennen, die ganze Geistlichkeit zu einer Synode einberufen, wird ihr seine Resultate und seine Beglaubigung vorlegen — und wird dann, wenn er bei der Abstimmung die Majorität erhält, als der Außerordentliche, als der, der er ist, als der Verheißene empfangen und begrüßt werden." „Aber im Auftreten dieses Menschen zeigt sich eine Doppelnatur; er hat zuviel von einem Richter; es ist, als wollte er zu gleicher Zeit der Richter sein, der das Bestehende richtet, und doch zugleich auch der Verheißene. Will er das erstere nicht, wozu dann seine absolute Isolierung, sein Abstandnehmen von allem, was das Bestehende heißt! Will er kein Richter sein, wozu dann seine phantastische Flucht aus der Wirklichkeit in die Gesellschaft des unwissenden Volkes, wozu verschmäht er dann hochmütig und revolutionär alle Intelligenz und Tüchtigkeit des Bestehenden, um mit Hilfe von — Fischern und Handwerkern völlig von vorn anzufangen; so daß es gleichsam als Motto für seine ganze Existenz im Verhältnis zum Bestehenden betrachtet werden kann, daß er ein uneheliches Kind ist! Will er dagegen nur der Verheißene sein, wozu redet er dann davon, daß man keinen neuen Flicken auf ein altes Kleid setzen kann, ein Wort, das immer das Feldgeschrei jeder Revolution ist, denn darin liegt ja, daß man das Bestehende nicht anerkennen will, sondern daß man es weghaben will, statt sich dem Bestehenden anzuschließen, und es zu verbessern, wenn man ein Reformator ist, oder es zu seiner höchsten Entwicklung zu bringen, wenn man der Verheißene ist. Dies ist eine Duplizität; und es läßt sich nicht machen, sowohl Richter als der Verheißene zu sein; und diese Duplizität wird sein Untergang, den ich bereits vorausberechnet habe. Die Katastrophe eines Richters erdichtet man richtig als gewalsamen Tod, die Katastrophe eines Verheißenen kann indessen unmöglich der Untergang sein, denn dann ist er *eo ipso* nicht der Verheißene, also nicht der, auf den das Bestehende wartet, damit es ihn vergöttliche. Diese Duplizität erkennt das Volk noch nicht, es sieht in ihm den Verheißenen, was das Bestehende unmöglich sehen kann, nur das Volk, die lockere und ungebundene Masse, weil sie selbst nichts weniger ist als etwas Bestehendes. Sobald aber diese Doppelnatur offenbar wird, ist sie sein Untergang. Nein, da war sein Vorgänger eine viel deutlicher ausgeprägte Gestalt, indem er nur eines war: Richter. Welche Konfusion und Verwirrung, beides sein zu wollen, und welche noch größere Verwirrung, selbst den Vorgänger als den anzuerkennen, der Gericht halten soll, was doch wohl darin besteht, das Bestehende für die Aufnahme des Verheißenen sein zu wollen, der dem Richter folgt — ohne sich dem Bestehenden anschließen zu wollen!"

Und der *Philosoph* müßte sagen: „Eine so schreckliche, oder besser: so wahnsinnige Eitelkeit, daß ein einzelner Mensch Gott sein will, ist doch etwas bisher Unerhörtes; eine so bis auf die Spitze getriebene Form der einen Subjektivität und der bloßen Negation hat es noch nie gegeben. Er hat keine Lehre, kein System, er weiß im Grunde nichts; er kommt mit einzelnen aphoristischen Aussprüchen, ein paar Sentenzen und ein paar Parabeln, er repetiert und variiert immerfort, wodurch er die Masse blendet, für die er auch Zeichen und Wunder tut, so daß sie, statt etwas zu erfahren und wirkliche Belehrung zu bekommen, an ihn glauben lernt, an ihn, der einem so fatal wie möglich fortwährend seine Subjektivität aufnötigt. In ihm und in dem, was er sagt, ist nichts Objektives oder Positives; insofern braucht er nicht unterzugehen, denn *philosophice* ist er bereits untergegangen, indem es ja die Bestimmung der bloßen Subjektivität ist unterzugehen. Man kann ihm zugestehen, daß er eine merkwürdige Subjektivität ist, daß er — mag es mit seinen übrigen Zeichen und Wundern sich verhalten, wie es will — in seiner Eigenschaft als Lehrer das Wunder mit den fünf Broten wiederholt: mit ein bißchen Lyrik und einigen Aphorismen bringt er das ganze Land in Bewegung. Selbst wenn man von seiner Verrücktheit, daß *er* meint, er sei Gott, absieht, so bleibt es eine unbegreifliche Verwirrung, die allerdings sehr geringe philosophische Bildung verrät, zu glauben, Gott könne sich überhaupt in der Gestalt eines einzelnen Menschen offenbaren. Das Menschengeschlecht, das Universelle, das Totale ist Gott; aber das Menschengeschlecht kann doch kein einzelnes Individuum sein. Das ist überhaupt die in der Subjektivität enthaltene Anmaßung, daß der Einzelne etwas sein will; daß der Einzelne aber Gott sein will, ist selbstverständlich das Wahnsinnige an ihm. Wäre dieser Wahnsinn möglich, daß ein einzelner Mensch Gott wäre, so müßte man ja konsequenterweise diesen einzelnen Menschen anbeten; eine größere philosophische Bestialität ist undenkbar."

Der kluge *Staatsmann* müßte sagen: „Daß dieser Mensch im Augenblick eine Macht ist, läßt sich nicht leugnen — abgesehen natürlich von seiner Einbildung, daß er Gott sei. Über derlei Dinge macht man als Privatliebhabereien natürlich ein für allemal einen Strich, so etwas braucht man nicht mit in Anschlag zu bringen, und das geht niemanden etwas an, am wenigsten einen Staatsmann. Ein Staatsmann sieht nur darauf, welche Macht ein Mensch hat, und daß er in diesem Augenblick Macht hat, läßt sich, wie gesagt, nicht leugnen. Aber, was er will, wohin er zielt, daraus ist nicht recht klug zu werden; soll *das* Klugheit sein, dann muß es eine völlig neue und ganz eigentümliche Art von Klugheit sein, die dem nicht so ganz unähnlich ist, was man sonst Verrücktheit zu nennen pflegt. Er hat bedeutende Forcen; er scheint sie aber zu verderben, statt sie anzuwenden, er verschwendet sie, aber *er* bekommt nichts dafür. Ich betrachte ihn als ein Phänomen, mit dem man sich klüglich nicht einläßt — das tut man am besten überhaupt nie mit Phänomenen —, denn es ist völlig unmöglich, ihn und die Katastrophe seines Lebens zu berechnen. Es ist möglich, daß er König werden könnte — möglich ist es —, aber es ist nicht unmöglich, oder genauer: es ist ebenso möglich, daß er auf dem Schafott endet. In seinem ganzen Streben fehlt ihm der Ernst. Mit ungeheurer Flügelspannung schwebt er — sonst nichts; er macht keine Trosse fest, berechnet nicht seinen Kurs — er schwebt nur. Will er für das Nationale kämpfen, oder erstrebt er einen kommunistischen Umsturz, will er eine Republik oder ein Königreich? Welcher Partei schließt er sich an, gegen welche wendet er sich, oder will er sich mit allen Parteien gutstellen, oder will er alle Parteien bekämpfen? Mich mit ihm einlassen — nein, das müßte das allerletzte sein — im Gegenteil, ich tue noch mehr als das, ich treffe alle möglichen Vorsichtsmaßregeln gegen ihn. Ich verhalte mich ganz still, unternehme nichts, tue so, als wäre ich gar nicht da; denn man kann nicht einmal berechnen, wie störend er eingreifen könnte oder wie man in seine Handlungen verwickelt werden könnte, wenn man nur das geringste unternähme. Gefährlich ist der Mann, im gewissen Sinne ungeheuer gefährlich. Aber meine Pläne gehen darauf aus, ihn gerade dadurch, daß ich nichts tue, zu fangen; denn gestürzt muß er werden — und am sichersten durch ihn selber, dadurch daß er über sich selber strauchelt. Ich habe — jedenfalls augenblicklich — nicht die Kraft, ihn zu stürzen, und kenne keinen, der sie hätte. Wenn man jetzt das geringste gegen ihn unternähme, würde man nur sich selbst zermalmen. Nein, immerfort nur negativen Widerstand leisten — einfach nichts —, dann verwickelt er sich vermutlich in die ungeheuren Konsequenzen, die er nach sich zieht, tritt aus Versehen auf die eigene Schleppe und stürzt."

Und der gesetzte biedere *Bürger* müßte sagen — wie eben das Urteil in seiner Familie ausfallen würde: „Laßt uns doch Menschen sein, alles mit Maßen; Zuwenig und Zuviel verdirbt alles, und wie es in einem französischen Sprichwort heißt, das ich einmal von einem Handlungsreisenden gehört habe: zuviel umfaßt, alles verpaßt! — Was mit diesem Menschen? Sein Untergang ist bestimmt so gut wie sicher. Ich habe mir auch meinen Sohn ernstlich vorgenommen, ihn verwarnt und ihm dies vorgehalten, damit er nicht hingehe und auf schlechte Wege gerate und sich etwa diesem Menschen anschließe — und zwar warum? Weil ihm alle nachlaufen. Ja wer sind diese „alle"? Lockere und ungebundene Leute, Gassensteher und Landstreicher, denen das Laufen leichtfällt. Dagegen nur ganz wenige von den Angesessenen und Wohlhabenden und gar keine von den klugen und angesehenen Leuten, nach denen ich meine Uhr zu stellen pflege, weder Kommerzienrat Jeppesen noch der Geheimrat Marcus oder der reiche Agent Christophersen, nein, nein, bei Gott! Die Leute wissen Bescheid. Und sehen wir nun auf die Geistlichen, die sich doch auf so etwas am besten verstehen müssen — die bedanken sich. Pastor Grünewald sagte gestern abend im Klub: „Dies Leben nimmt ein Ende mit Schrecken"; und der gute Mann kann mehr als predigen, den soll man nicht sonntags in der Kirche hören, sondern montags im Klub; hätte ich nur die Hälfte seines Verstandes für die Dinge dieser Welt. Er sagte ganz richtig, wie aus meinem Herzen gesprochen: „Dem rennen nur lockere und leichtfertige Leute nach." Und warum rennen sie ihm nach? Weil er ein paar Wunder tun kann. Wer aber sagt, daß es Wunder sind, oder wer garantiert uns, daß er seinen Jüngern dieselbe Kraft verleiht; unter allen Umständen ist ein Wunder indessen etwas höchst Ungewisses — was aber gewiß ist, das ist gewiß. Jeder ordentliche Vater, der erwachsene Kinder hat, muß wahrhaftig Sorge tragen, daß sich seine Söhne nicht verführen und mitreißen lassen und sich mit ihm und den verzweifelten Menschen, die ihm folgen und die nichts zu verlieren haben, einlassen. Und wie hilft er schließlich auch diesen? Man müßte ja verrückt sein, sich auf diese Weise helfen zu lassen, selbst dem allerärmsten Bettler hilft er nur vom Regen in die Traufe, zu neuem Elend, was der Arme hätte vermeiden können, wäre er geblieben was er war: schlecht und recht ein Bettler."

Und der *Spötter*, und zwar nicht der wegen seiner Bosheit von allen verachtete, sondern der von allen wegen seines Witzes bewunderte und dabei wegen seiner Gutmütigkeit beliebte, müßte sagen: „Im Grunde ist es eine unbezahlbare Idee, die uns allen ohne weiteres zugute kommen müßte, daß ein einzelner Mensch sagt, er sei Gott. Wenn das nicht den Menschen wohltun heißt, so weiß ich nicht, was wohl- und guttun oder gut- und wohltun ist. Angenommen, daß das Merkmal dafür, daß man Gott ist, darin besteht, daß man genau wie alle andern aussieht, weder mehr noch weniger, dann sind wir alle Götter. *Quod erat demonstrandum.* Ja wer in aller Welt wäre darauf verfallen; wie wahr ist es, daß so etwas nicht in dem Herzen eines Menschen hätte entstehen können! Es lebe der Entdecker dieser für die Menschen so außerordentlichen Erfindung. Morgen lasse ich bekanntmachen, daß ich, Endesunterzeichneter, Gott bin — der Entdecker kann es jedenfalls nicht leugnen, ohne sich selbst zu widersprechen. Im Dunkeln sind alle Katzen grau — und wenn Gottsein bedeutet, daß man wie alle andern aussieht, völlig wie alle andern: dann ist es eben dunkel, und wir sind alle ..., oder was ich eigentlich sagen wollte, wir sind alle, jeder für sich, Gott, der eine soll, bei Gott! dem andern nicht nachstehen. Das ist das Lächerlichste, was man sich überhaupt vorstellen kann, der Widerspruch, worin immer das Komische enthalten ist, der größtmögliche — es ist aber nicht mein Verdienst, das kommt einzig und allein dem Entdecker zu: daß ein Mensch, völlig wie wir — abgesehen davon, daß er nicht ganz so gut angezogen ist wie der Durchschnitt, daß also ein schlecht angezogener Mensch, der am ehesten wohl unter die Armenpflege gehört (jedenfalls bedeutend eher dorthin gehörte als unter die Rubrik: Gott), daß *der* Gott ist. Am schlimmsten ist es eigentlich für den Armenvorsteher, weil er bei diesem General-Avancement des ganzen Menschengeschlechtes nicht befördert wird."

O mein Freund, ich weiß wohl, was ich tue, ich kenne meine Verantwortung, und meine Seele ist von der Richtigkeit dessen, was ich tue, ewig überzeugt. Denke dich nun also mit ihm, dem Einladenden, gleichzeitig. Denke dir, du seiest ein Leidender — bedenke aber, wem du dich aussetzt, wenn du sein Jünger wirst, wenn du ihm nachfolgst. Du setzt dich dem aus, daß du in den Augen aller Klugen, Verständigen und Angesehenen unbedingt so gut wie alles verlierst. Er, der Einladende, fordert von dir, daß du alles aufgibst, alles fahrenläßt — aber die gleichzeitige Verständigkeit deiner Zeitgenossen läßt dich nicht los, sie urteilt, daß es Verrücktheit ist, sich ihm anzuschließen. Und der Spott wird grausam über dich herfallen; während er ihn beinahe aus Mitleid schont, findet er es verrückter als das Verrückteste, daß man sein Jünger wird. „Denn", sagt er, „Schwärmer ist Schwärmer, meinetwegen, aber in allem Ernst sein Jünger werden ist die denkbar größte Verrücktheit. Es besteht immer nur eine Möglichkeit, noch verrückter als ein Verrückter zu werden: die höhere Verrücktheit, sich in allem Ernst einem Verrückten anzuschließen und ihn für einen Weisen zu halten." Sage nicht, daß diese Darstellung übertrieben sei. Aber du weißt doch selbst — hast es dir vielleicht aber nicht recht gegenwärtig gemacht, daß von all den Angesehenen, all den Gebildeten und Verständigen zwar der eine und der andere, vielleicht sogar mehrere, sich neugierig mit ihm einließen, aber es war nur einer, ein Einziger, der ihn im Ernst aufsuchte, und der kam — in der Nacht zu ihm. Und das weißt du ja, daß man in der Nacht verbotene Wege geht; die Nacht wählt man, wenn man dorthin geht, wohin man eigentlich nicht gehen darf — denke darüber nach, welches Urteil über den Einladenden darin liegt: zu ihm zu gehen, war eine Schande, etwas, was kein Angesehener, kein Mann von Ehre sich leisten konnte, sowenig, wie man es sich leisten kann, an Orte zu gehen, die ja auch von der Nacht verhüllt werden, so — doch nein, ich mag nicht einmal ausführen, was auf dieses „sowenig, wie" folgen würde.

Kommet *nun* her *zu mir* alle, die ihr mühselig und beladen seid, ich will euch Ruhe geben.

Es ist ihm nun so gegangen, wie alle Klugen, Verständigen, Staatsmänner, Biedermänner, Spötter usw. vorausgesagt haben. Und wie später in einem Augenblick gesagt wurde, der selbst die Verhärtetsten zur Teilnahme, selbst Steine zu Tränen hätte rühren müssen: „Er hat anderen geholfen, mag er sich nun selber helfen." So ist nun wohl tausend- und aber tausendmal von Tausenden und aber Tausenden wiederholt worden: „Sprach er nicht zu seiner Zeit, daß seine Stunde noch nicht gekommen sei! Sollte sie jetzt vielleicht gekommen sein?" — Ach, während jener Einzelne, der Gläubige, schaudern müßte, sooft er daran dächte und doch in den Abgrund — menschlich gesprochen — sinnloser Verrücktheit starren müßte: nämlich, daß Gott in menschlicher Gestalt, daß diese göttliche Lehre, daß diese Zeichen und Wunder, wenn sie in Sodoma und Gomorra geschehen wären, selbst diese Städte zur Umkehr gebracht hätten, daß alles das in Wirklichkeit genau das Entgegengesetzte hervorbrachte, indem der Lehrer gemieden, gehaßt, verachtet wurde.

Wer er nämlich ist, kann man nun leichter sehen, nachdem der Widerstand und die Maßnahmen der Mächtigen und Angesehenen und überhaupt des Bestehenden den ersten Eindruck von ihm abgeschwächt haben und nachdem das Volk die Geduld verloren hat, abzuwarten, weil sein Leben, statt mit zunehmendem Ansehen vorwärtszugehen, in zunehmender Degradation immer mehr rückwärtsgeht. Jeder weiß ja, daß man einen Menschen nach seinem Umgang beurteilt — und nun betrachte man seinen Umgang! Ja seinen Umgang könnte man dadurch charakterisieren, daß man sagt, daß er von der „menschlichen Gesellschaft" ausgestoßen worden ist; sein Umgang sind die niedrigsten Klassen des Volkes, Zöllner und Sünder — alles Leute, die jeder, der das geringste vorstellt, um seines guten Namens und Rufes willen flieht; und ein guter Name und ein guter Ruf sind doch wohl das mindeste, was man sich in diesem Leben zu sichern wünscht; sein Umgang besteht außerdem aus Aussätzigen, die jeder meidet, aus Wahnsinnigen, die nur Entsetzen hervorrufen, aus Kranken und Elenden, Armut und Erbärmlichkeit. Und wer ist nun dieser Mensch, der in diesem Aufzug trotzdem noch Gegenstand der Nachstellungen durch die Mächtigen ist? Ein als Verführer, Betrüger und Gotteslästerer Verachteter. Wenn wirklich ein angesehener Mann seiner Verachtung gegen ihn nicht Ausdruck gibt, geschieht es aus einem gewissen Mitleid — daß sie ihn fürchten, ist ja dabei etwas ganz anderes. — So ist nun sein Auftreten. Denn du mußt dich in acht nehmen, damit du nicht etwas von dem in dein Urteil einfließen läßt, was du erst hinterher zu wissen bekommen hast, davon, wie sich seine Erhabenheit fast mit göttlicher Majestät nie so deutlich gezeigt habe als gerade jetzt. O mein Freund, wenn du gleichzeitig mit einem Menschen lebst, der nicht nur selber „aus der Synagoge ausgestoßen" ist — nein, denke daran, daß Strafe darauf stand, sich von ihm helfen zu lassen, und daß diese Strafe „Ausschluß aus der Synagoge" war — also, wenn du gleichzeitig mit einem solchen Verachteten lebst, bei dem sich also alles in schönster Übereinstimmung damit befindet — denn wenn auch alles auf zweierlei Weisen erklärt werden kann, so bist du schwerlich der Mann, der alles auf andere Weise erklärt, oder, was dasselbe ist: Du bist nicht der Einzelne, der ja, wie du wohl weißt, niemand sein will, indem dies als eine lächerliche Eigenbrötelei, vielleicht sogar als ein Verbrechen betrachtet wird.

Und seine Apostel, die ja hauptsächlich seine Gesellschaft sind! Welcher Wahnsinn, indessen nicht: welch neuer Wahnsinn, da der sich ganz mit dem ersteren vereinen läßt — seine Apostel sind ein paar Fischer, unwissende Menschen, die gestern noch Heringe fingen, und die morgen — so heißt es im Zusammenhang der Verrücktheit — in alle Welt hinausgehen sollen, um die Gestalt der Erde zu verändern. Und so ein Mensch sagt, daß er Gott sei, und das sind seine wohlbestallten Apostel! Soll der etwa den Aposteln Ansehen verschaffen oder vielleicht die Apostel ihm? Ist dieser Einladende ein wahnsinniger Schwärmer: denn sein Aufzug scheint darauf zu deuten; kein Dichter hätte einen passenderen erfinden können — eir Lehrer, ein Weiser, oder als was man ihn sonst bezeichnen will, eine Art verunglücktes Genie, das von sich sagt, er sei Gott — umgeben von einem Pöbelhaufen, der ihm zujubelt, er selbst wird von ein paar Zöllnern, Vorbestraften und Aussätzigen begleitet; zunächst um ihn sein auserwählter Kreis, die Apostel. Und diese für die Beurteilung dessen, was Wahrheit ist, so außerordentlich kompetenten Instanzen, diese Fischer, Schneider und Schuhmacher, bewundern nicht allein ihren Lehrer und Meister, sondern jedes

Wort von ihm ist ihnen Weisheit und Wahrheit; sie sehen nicht nur, was kein anderer sehen kann: Erhabenheit und Heiligkeit, nein, sie sehen in ihm Gott und beten ihn an. — Kein Dichter kann das besser erfinden, falls er dabei nicht noch eins vergißt, daß dieser selbe Mensch derjenige ist, den die Mächtigen fürchten, gegen den sie Pläne schmieden, um ihn zu stürzen. Sein Tod allein kann sie beruhigen und zufriedenstellen. Sie haben entehrende Strafe darauf gesetzt, sich ihm anzuschließen, ja darauf, sich nur von ihm helfen zu lassen, und trotzdem können die Mächtigen keine Ruhe finden, sie können sich nicht richtig damit abfinden, daß das alles Schwärmerei und Wahnsinn sei. So geht es den Mächtigen! Das Volk, das ihn vergötterte, das Volk selber hat ihn mehr oder weniger aufgegeben, nur in einem einzelnen Augenblick lodert die alte Vorstellung von ihm wieder auf. In seinem ganzen Dasein gibt es auch nicht das geringste, um das ihn der Neidischste von allen Neidischen beneiden könnte. Und um dieses Leben beneiden die Mächtigen ihn sicherlich auch nicht, sondern fordern seinen Tod nur um ihrer eigenen Sicherheit willen, damit sie wieder Ruhe bekommen können, nachdem alles wieder beim alten ist — noch mehr gesichert durch dieses abschreckende Beispiel. Dies sind die beiden Abschnitte seines Lebens. Es begann damit, daß ihn das Volk vergötterte, während alles, was das Bestehende darstellt, alles, was Macht und Einfluß besitzt, ihm gehässig, aber feige und heimlich die Schlinge legte — der er dann zum Opfer fiel? Ja, aber er hatte sie deutlich gesehen. Endlich entdeckte das Volk, daß es sich in ihm geirrt hatte, daß die Erfüllung, die er bringen wollte, alles andere war, als was es sich erträumt hatte. Da kehrte sich das Volk von ihm ab, und die Mächtigen zogen die Schlinge enger — der er dann zum Opfer fiel? Ja, aber er hatte sie deutlich gesehen. Die Mächtigen zogen die Schlinge enger — und jetzt kehrt das Volk, das sich ja nun völlig betrogen sieht, all seinen Haß, all seine Erbitterung gegen ihn.

Und das Mitleid — um das doch auch mitzunehmen — mußte sagen, oder in der Gesellschaft der Mitleidigen würde es so heißen (denn das Mitleid ist gesellig, versammelt sich gern, und in der Gesellschaft der geschwätzigen Beschränktheit befindet sich auch Schadenfreude und Neid, indem ja —

was schon ein Heide beobachtet hat — niemand so schnell zu Mitleid geneigt ist wie der Neidische): „Es muß einem um diesen armen Menschen doch wirklich leid tun, daß es so enden muß. Schließlich war er ein guter Kerl. Mag es auch eine Übertreibung gewesen sein, daß er Gott sein wollte, so war er doch wirklich gut gegen Arme und Notleidende, wenn er es auch auf eine sonderbare Weise zeigte, indem er sich den Armen ganz gleichstellte und in Gesellschaft von Bettlern umherzog. Aber etwas Rührendes war doch daran, und es muß einem deshalb um den armen Menschen leid tun, daß er so jämmerlich zu Tode kommen sollte. Denn man mag nun sagen, was man will, und ihn so streng verurteilen, wie man will: ich kann's nicht lassen, ihn zu bemitleiden; ich bin nicht so hartherzig und muß ihm Mitleid gönnen."

Wir sind im letzten Abschnitt, nicht der „Heiligen Geschichte", wie sie von den Aposteln und Jüngern, die an ihn glaubten, niedergeschrieben worden ist, sondern der unheiligen Geschichte, die deren Gegensatz ist.

Kommet nun alle her, die ihr mühselig und beladen seid, das heißt: fühlst du ein Verlangen danach, wenn du auch von allen Leidenden der elendeste seist, dir auf diese Weise helfen zu lassen, was bedeutet, daß du in ein noch größeres Elend gerätst, dann komme her, er wird dir helfen.

Mit der Einladung an alle, die „mühselig und beladen sind", ist das Christentum nicht, wie es der Pfarrer weinerlich und unwahrhaftig einführt, als ein Prachtexemplar milder Trostgründe in die Welt gekommen — sondern als das *Absolute*. Aus Liebe will es Gott so, aber *Gott* will es, und er will das, was er will. Er will nicht von dem Menschen zu einem freundlichen — menschlichen — Gott umgeschaffen werden: er will die Menschen umschaffen, und zwar aus Liebe. Er will auch nichts von menschlicher Naseweisheit wissen, die sich darüber ausbreitet, warum und weshalb das Christentum in die Welt gekommen sei: es ist das Absolute und soll das Absolute sein. Deswegen ist all das Relative, was man herausgeklügelt hat, warum und aus welchem Grund es da sei, Unwahrheit. Vielleicht ist man aus einer Art menschlichem Mitleiden darauf verfallen, das vermeint, etwas abhandeln zu müssen — indem Gott vermutlich die Menschen nicht kenne und seine Forderungen zu überspannt seien, weshalb dann die Pfarrer Hilfestellung leisten müßten, um es etwas herunterzuhandeln. Vielleicht ist man darauf verfallen, um sich mit den Menschen gut zu stehen, und um aus der Verkündigung des Christentums Vorteil zu ziehen; denn wird es auf das bloße Menschliche herabgestimmt, auf das, was im Herzen der Menschen entsteht, so gefällt es den Menschen natürlich, und dann gefällt den Menschen wiederum der liebenswürdige Prediger, der das Christentum so mild hinstellen kann — hätten die Apostel das gekonnt, so hätten die Apostel auch damals der Welt gefallen. Aber all das ist Unwahrheit, ist Entstellung des Christentums, welches das Absolute ist. Wozu ist es denn aber da, denn dann wäre es ja eine Plage? Ganz richtig; relativ verstanden ist das Absolute die größte Plage. In allen matten, trägen und stumpfen Augenblicken, wo das Sinnliche den Menschen beherrscht, ist ihm das Christentum ein Wahnsinn, da es einem endlichen „Wozu" nicht kommensurabel ist. Wozu ist es dann aber da? Antwort: Schweige! Es ist das Absolute. Und so *muß* es dargestellt werden, nämlich so, daß es sich dem sinnlichen Menschen als Verrücktheit zeigt. Und darum ist es wahr und in einem anderen Sinne ebenfalls so wahr und richtig, wenn der Verständige in der Situation der Gleichzeitigkeit verurteilend über Christus so spricht: „Er ist buchstäblich nichts" — durchaus richtig, denn er ist das Absolute. Als das Absolute ist das Christentum in die Welt gekommen, nicht als Trost im menschlichen Sinne — es spricht im Gegenteil unaufhörlich und immer wieder davon, wie der Christ leiden muß, oder wie ein Mensch leiden muß, um ein Christ zu werden und zu sein — Leiden, die er also dadurch vermeiden kann, daß er einfach darauf verzichtet, ein Christ zu werden.

Es besteht nämlich ein unendlicher, klaffender Unterschied zwischen Gott und Mensch, und darum zeigte es sich in der Situation der Gleichzeitigkeit, daß — menschlich gesprochen — eine noch größere Qual, größerer Schmerz, größeres Elend als selbst der größte menschliche Schmerz damit verbunden ist, Christ zu werden (zur Ähnlichkeit mit Gott umgebildet zu werden) — in den Augen der Zeitgenossen ist es sogar ein Verbrechen. Und das wird immer so sein, wenn die Tatsache, daß man Christ wird, bedeutet, daß man in Wahrheit gleichzeitig mit Christus wird. Und hat dieses, ein Christ zu werden, nicht diese Wirkung, so ist all dies Gerede, daß man ein Christ werde — Geschwätz, Einbildung und Eitelkeit, zum Teil sogar Gotteslästerung und eine Sünde gegen das zweite Gebot des Gesetzes und Sünde wider den Heiligen Geist.

Denn dem Absoluten gegenüber gibt es nur eine Zeit: die Gegenwart; wer mit dem Absoluten nicht gleichzeitig ist, für den ist es gar nicht da. Und da Christus das Absolute ist, so kann man leicht einsehen, daß es im Verhältnis zu ihm nur eine einzige Situation gibt: die der Gleichzeitigkeit; die 300, 700, die 1500 und 1800 Jahre bedeuten dabei nicht das geringste und verändern ihn nicht, offenbar aber auch nicht, wer er gewesen ist; denn was er ist, das ist nur dem Glauben offenbar.

Christus ist, um dies in allem Ernst zu sagen, kein Komödiant, auch keine nur historische Persönlichkeit, indem er als das Paradox eine höchst unhistorische Person ist. Dies aber ist der Unterschied zwischen Poesie und Wirklichkeit: die Gleichzeitigkeit. Der Unterschied zwischen Poesie und Geschichte besteht freilich darin, daß die Geschichte das *wirklich* Geschehene ist, während die Poesie das Mögliche, nur Gedachte, das Erdichtete ist. Was aber wirklich geschehen ist (das Vorübergegangene), ist trotzdem nur in einem gewissen Sinne, nämlich im Gegensatz zum Erdichteten, das Wirkliche. Es fehlt dabei die Bestimmung, die die Bestimmung der Wahrheit (als Innerlichkeit) und aller Religiosität ist: *für dich*. Das Vergangene ist nicht Wirklichkeit: für mich; nur das Gleichzeitige ist Wirklichkeit: für mich. Das, womit du gleichzeitig bist, ist Wirklichkeit: für dich. Und auf diese Weise kann jeder Mensch nur mit *der* Zeit gleichzeitig werden, in der er selber lebt — aber dann noch mit *einer* anderen: mit Christi Leben auf Erden, denn Christi Leben auf Erden, die „Heilige Geschichte", steht ganz und gar allein, indem sie außerhalb der Geschichte steht.

Von der Geschichte kannst du als von etwas Vergangenem lesen und hören, bei ihr kannst du, wenn es dir beliebt, nach dem Ergebnis urteilen. Aber Christi Leben auf Erden ist nicht etwas Vergangenes; es wartete seinerzeit, vor 1800 Jahren, nicht und wartet auch heute nicht darauf, daß das Ergebnis ihm zu Hilfe eilen soll. Ein historisches Christentum ist

Galimathias und unchristliche Verwirrung; denn alle wahren Christen einer Generation sind gleichzeitig mit Christus, und sie haben nicht das geringste mit den Christen der vorausgehenden Generation zu tun, dagegen alles mit dem gleichzeitigen Christus. Sein Leben auf Erden begleitet die Generationen und begleitet jede Generation besonders als ewige Geschichte, sein Leben hier auf Erden besitzt die ewige Gleichzeitigkeit. Und diese Gleichzeitigkeit macht wiederum alles Dozieren über das Christentum (dieses Dozieren hat ja nämlich seinen Deckmantel und seinen Rückhalt wesentlich darin, daß das Christentum etwas Vergangenes sei, und in der Geschichte der 1800 Jahre) zu der unchristlichsten aller Ketzereien, was jeder leicht einsehen und darum sein Dozieren aufgeben würde, wenn er sich vorzustellen versuchte, daß die mit Christus gleichzeitige Generation — dozierte; dabei ist doch jede Generation (von Glaubenden) gleichzeitig.

Kannst du dich nicht dazu überwinden, ein Christ in der Situation der Gleichzeitigkeit mit ihm zu werden, oder: kann er dich nicht in der Situation der Gleichzeitigkeit anrühren und zu sich ziehen, so wirst du niemals ein Christ. Du magst dann denjenigen, der dir einbildet, du seiest trotzdem ein Christ, ehren und lobpreisen, ihm danken und ihn mit allen irdischen Gütern belohnen — er betrügt dich. Du kannst dich glücklich schätzen, daß du nicht gleichzeitig mit einem Manne bist, der dies zu sagen wagt; du kannst dich über die Pein, mit einem Manne gleichzeitig zu sein, der dir das sagt, bis zur Raserei aufregen und es wie den Stich jener „Bremse" empfinden: im ersten Falle bist du betrogen, im anderen hast du die Wahrheit wenigstens zu wissen bekommen.

Kannst du die Gleichzeitigkeit nicht ertragen, kannst du es nicht ertragen, diesem Anblick in der Wirklichkeit zu begegnen, könntest du nicht auf die Straße gehen — um zu sehen, daß der Gott in diesem scheußlichen Aufzuge einhergeht, würdest du nicht einsehen, daß dies die Bedingungen sind, wenn du dann niederfielest und ihn anbetest: so bist du kein *wesentlicher* Christ. Was du zu tun hast, besteht darin, dir dies so völlig unbedingt einzugestehn, damit du vor allem die Demut und die Furcht und das Zittern bewahrst gegenüber dem, was in Wahrheit heißt, Christ zu sein. Denn auf diesem Weg mußt du, um es zu lernen und es dir einzuüben, so deine Zuflucht zur Gnade nehmen, daß du sie nicht mißbrauchst; gehe dann um Gottes willen nicht zu jemandem, der dich „beruhigen" kann! Denn zwar steht geschrieben: „Selig die Augen, welche sahen, was ihr saht", mit diesen Worten sind die Pfarrer immer besonders schnell bei der Hand — merkwürdigerweise wohl auch, um ihr weltlich nettes Aussehen zu verteidigen, das ja gerade in der Situation der Gleichzeitigkeit unzweifelhaft einen ziemlich auffälligen Kontrast bilden würde — gerade, als seien diese Worte nicht einzig und allein von jenen Zeitgenossen gesagt worden, die gläubig wurden. Wäre die Herrlichkeit unmittelbar zu sehen gewesen, so daß ein jeder sie ohne weiteres hätte sehen können, so wäre es ja nicht wahr, daß Christus sich selbst erniedrigt hätte und Knechtsgestalt angenommen habe; und es wäre überflüssig, vor dem Ärgernis zu warnen, denn wie in aller Welt sollte man sich wohl an einer Herrlichkeit ärgern, die in Herrlichkeit gekleidet wäre! Und wie in aller Welt sollte man dann erklären, daß es Christus so gegangen ist, wie es ihm ergangen ist; daß nicht alles herbeiströmte, um zu sehen, was unmittelbar zu sehen war. Nein, „er hatte keine Gestalt noch Schöne; wir sahen ihn, aber da war keine Gestalt, die uns gefallen hätte" (Is. 53, 2); *unmittelbar* war nichts zu sehen als ein geringer Mensch, der durch Zeichen und Wunder und dadurch, daß er sagte, er sei Gott, fortwährend die Möglichkeit des Ärgernisses herausforderte. Ein geringer Mensch, der also ausdrückte, 1. was Gott unter Mitleid versteht (wobei hinzugehört, daß man selbst der geringe und arme Mensch ist, wenn man der Mitleidige sein will), und 2. was Gott unter dem Elend der Menschen versteht, was in beiden Fällen höchst verschieden von dem ist, was die Menschen darunter verstehen und was jeder einzige in jeder Generation bis ans Ende der Tage ganz von Grund auf lernen muß, indem er ganz und gar auf demselben Punkt anfangen muß wie jeder, der mit Christus gleichzeitig ist und es in der Situation der Gleichzeitigkeit einübt. Menschliche Heftigkeit und Unbändigkeit hilft dabei natürlich nichts. Wie weit es jemandem gelingen wird, wesentlich ein Christ zu werden, kann ihm kein Mensch sagen. Aber Angst und Furcht und Verzweiflung helfen auch nicht. Aufrichtigkeit vor Gott ist das Erste und Letzte; sich selbst aufrichtig gestehen, wo man sich befindet, aufrichtig vor Gott, den Blick beständig auf die Aufgabe richten — wie langsam es auch gehen mag, und wenn man auch nur vorwärtskriecht: eines hat man doch, man ist richtig gestellt, nicht durch das Kunststück irregeleitet und betrogen, wodurch Christus umgedichtet wird, so daß er, statt Gott zu sein, zu jenem schmachtenden Mitleiden wird, das die Menschen selbst erfunden haben, wodurch das Christentum, das doch die Menschen zum Himmlischen hinaufziehen sollte, unterwegs aufgehalten und das schlecht und recht Menschliche wird.

III

DARF EIN MENSCH SICH FÜR DIE WAHRHEIT TOTSCHLAGEN LASSEN?

Aus dem Nachlaß eines einsamen Menschen
Ein dichterischer Versuch von H. H.

Vorwort

Dieses Vorwort enthält nichts weiter als eine Beschwörung, daß der Leser zuerst sich üben möge, einen Teil seines gewöhnlichen Gedankenganges abzulegen. Denn sonst wird das Problem, wie es hier dargestellt ist, gar nicht für ihn dasein — und sonderbar genug, just weil er schon längst mit ihm fertig ist, aber im umgekehrten Sinn. — Ende 1847.

Introduktion

Es war einmal ein Mann, der als Kind in der christlichen Religion streng erzogen worden war. Er hatte nicht viel von dem gehört, was Kinder sonst hören, vom kleinen Jesuskind, von Engeln und ähnlichem. Dagegen hatte man ihm desto häufiger den Gekreuzigten gezeigt, so daß dieses Bild das einzige war und der einzige Eindruck, den er vom Erlöser hatte; obgleich ein Kind, war er doch schon alt wie ein Greis. Dieses Bild folgte ihm also sein Leben lang, er ward niemals jünger, und er kam niemals weg von diesem Bild. Wie von einem Mörder erzählt wird, der es in der Angst seines Gewissens nicht lassen konnte, nach dem Bilde des Ermordeten zurückzusehen, das ihn verfolgte: so konnte er, liebend, nicht einen Augenblick wegsehn von dem Bilde, das ihn anzog. Was er als Kind fromm geglaubt hatte, daß die Sünde der Welt dieses Opfer fordere, was er als Kind einfältig verstanden hatte, daß die Gottlosigkeit der Juden in der Hand der Vorsehung die Voraussetzung dafür sei, daß dieses Grauenhafte verübt werden konnte: das glaubte er unverändert und verstand es unverändert. Aber, wie er nach und nach älter ward, gewann dieses Bild noch mehr Macht über ihn, es war ihm, als verlange es ständig etwas von ihm. Denn, das hatte er immer frivol gefunden, daß man dieses Bild zu malen wagte, und ebenso frivol, ein solches gemaltes Bild künstlerisch zu betrachten, um zu sehn, ob es gliche — anstatt selbst das Bild zu werden, das Ihm glich, und mit einer unerklärlichen Macht ward er getrieben, Ihm gleichen zu wollen, insoweit, als ein Mensch Ihm gleichen kann. Dessen war er sich nämlich bewußt, daß keine Vermessenheit in seinem Verlangen war, als könnte er sich selbst einen Augenblick so weit vergessen, daß er vermessen vergessen könnte, daß dieser Gekreuzigte Gott war, der Heilige — er aber ein Sünder. Aber leiden zu wollen für die gleiche Sache, selbst bis zum Tode, darin war ja nichts Vermessenes.

So hatte er in der Stille Umgang mit diesem Bilde, er redete niemals darüber mit irgendeinem Menschen. Aber das Bild kam ihm beständig näher und näher, seine Forderung an ihn empfand er beständig eindringlicher und eindringlicher. Doch darüber mit jemand zu sprechen war ihm eine Unmöglichkeit. Und gerade dies war ja der Beweis dafür, wie tief ihn die Sache beschäftigte, der Beweis dafür, daß es nicht unmöglich erscheinen mußte, einmal entsprechend gehandelt zu haben. Denn Verschwiegenheit und Kraft zu handeln entsprechen einander ganz; Verschwiegenheit ist Maßstab für die Kraft zu handeln; ein Mensch hat niemals mehr Kraft zu handeln, als er Verschwiegenheit hat. Jeder Mensch versteht ganz gut, daß Handeln etwas weit Größeres ist als darüber zu reden; ist er deshalb seiner selbst sicher, daß er es tun kann, und hat er beschlossen, daß er es tun will, so redet er nicht darüber. Worüber ein Mensch in Verbindung mit seinem Handeln redet, ist just das, worin er seiner selbst nicht sicher ist. Ein Mann, der sich mit Leichtigkeit selbst überwindet, den Armen zehn Taler so zu geben, daß es ihm ganz natürlich fällt — ja so, hier haben wir es —, daß man darüber nicht zu reden braucht: er redet nie darüber. Aber vielleicht wirst du ihn sagen hören, daß er einmal den Armen tausend Taler zu geben gedenke — ach, die Armen werden gewiß mit zehn zufrieden sein müssen. Ein Mädchen, das

Innerlichkeit genug hat, ein ganzes Leben still, aber tief über eine unglückliche Liebe zu trauern, wird niemals darüber reden. Aber im ersten Augenblick des Schmerzes wirst du sie vielleicht sagen hören, daß sie sich das Leben nehmen will — sei ruhig, das tut sie nicht, just deshalb redet sie darüber, es war nur ein eitler Gedanke. Das Bewußtsein, das ein Mensch in sich hat, daß er kann und will, sättigt ihn in ganz anderer Weise als alles Schwätzen. Darum wird immer nur über Dinge geschwätzt, von denen dieses Selbstbewußtsein fehlt. Über das Gefühl, das man in Wahrheit hat, redet man niemals; nur über das Gefühl, das man nicht hat, oder über den Grad des Gefühls, den man nicht hat, schwätzt man. Das Gesetz ist ganz einfach, im Verhältnis zum Bösen ist es so: Hast du einen Verdacht auf einen Menschen, der dir teuer ist, daß er möglicherweise mit dem einen oder andern furchtbaren Gedanken umgehe: so sieh bloß zu, ihn zum Sprechen zu bringen, am besten so, daß du es ihm ablockst, als wäre es bedeutungslos, so daß nicht einmal im Augenblick der Mitteilung das Pathos der Vertraulichkeit entsteht. Bist du selbst davon bedroht, mit einem furchtbaren Gedanken eingeschlossen zu werden, so rede mit einem anderen darüber, aber am besten in der pathetischen Form der Vertraulichkeit; denn würdest du es ihm im Schmerz mitteilen, könnte es leicht ein von deiner Verschlossenheit erfundener Trick sein, der sich am schlimmsten gegen dich selbst auswirken würde. Im Verhältnis zum Guten besteht nun das gleiche Gesetz. Ist es dir mit einem Entschluß aufrichtiger Ernst — vor allem rede nie ein Wort darüber mit irgendeinem Menschen. Doch braucht ja all dies eigentlich nicht gesagt zu werden, es hilft auch niemand, daß es gesagt wird; denn, der in Wahrheit Entschlossene ist eo ipso verschwiegen. Entschlossen sein ist nicht das eine, verschwiegen sein das andere; entschlossen sein heißt just verschwiegen sein — wie es der war, von dem hier die Rede ist. Er lebte nun Jahr für Jahr dahin. Er hatte Umgang nur mit sich selbst und mit Gott und diesem Bild — aber er verstand sich selbst nicht. Doch gebrach es ihm keineswegs an Willenskraft oder an πληροφορία, im Gegenteil fühlte er einen fast unwiderstehlichen Drang, dem Bilde gleich zu werden. Zuletzt erwachte aber ein Zweifel in seiner Seele, ein Zweifel, worin er sich selbst nicht verstand: ob ein *Mensch* das Recht habe, sich für die Wahrheit totschlagen zu lassen. Über diesen Zweifel grübelte er nun früh und spät. Seine vielen Gedanken sind, kurz zusammengefaßt, der Inhalt dieser kleinen Abhandlung.

A

1. Die Lehre von Jesu Christi Tod und Opfer ist natürlich seit Beginn des Christentums, von Jahrhundert zu Jahrhundert, für Tausende und aber Tausende Gegenstand der Betrachtung und Überlegung gewesen. Meine Seele ruht ganz im Glauben, versteht sich selber ganz im Glauben. Nur ein Zweifel allein hat eine Zeitlang mich beunruhigt, ein Zweifel, den ich niemals von einem Zweifelnden dargestellt und niemals von einem Glaubenden beantwortet sah. Dieser Zweifel lautet so: *Dieses kann ich zwar begreifen, daß er, der Liebende, aus Liebe Sein Leben opfern wollen konnte, aber dieses kann ich nicht begreifen, daß er, der Liebende, die Menschen daran schuldig werden lassen konnte, ihn totzuschlagen, zulassen konnte, daß dies geschah; mir scheint, daß er sie aus Liebe an diesem Tun hätte hindern müssen.* Doch ist es mir nun gelungen, auch diesen Zweifel zu besiegen; wie, will ich hier im Verlauf meiner Ausführungen erklären, weil es eng mit der Lösung meines Problems zusammenhängt.

2. Was die *Philosophen* von Christi Tod und Opfer sagen, ist des Nachdenkens darüber nicht wert. Denn in dieser Hinsicht wissen die Philosophen nicht, wovon sie reden — das weiß ich; sie tun, was sie nicht wissen, und sie wissen nicht, was sie tun.

3. Mit den *Dogmatikern* ist es eine andere Sache. Die gehn vom Glauben aus. Daran tun sie wohl; anders ist auch gar nicht darüber zu reden, gar nicht darüber nachzusinnen — es sei denn philosophice in der Luft. Sie suchen immerhin zu begreifen, wie Gottes Gerechtigkeit und die Sünde der Menschen konzentriert sind: das Mysterium der Versöhnung. Doch alles, was hierüber gesagt werden kann, enthält nichts zur Behebung jenes meines Zweifels. Die Dogmatik grübelt über die ewige Bedeutung dieses historischen Faktums nach und erhebt keine Schwierigkeiten in Hinsicht auf irgendein Moment in seinem historischen Werden.

4. Aber Jesu Christi Tod und Opfer ist ja als Dogma eine historische Begebenheit. Man kann also fragen: Wie ging es

zu, wie in aller Welt war es doch möglich, daß Christus gekreuzigt werden konnte? Hier antwortet dann die *Theologie*, daß es die Gottlosigkeit der Juden war, doch so, daß diese, obgleich aufständig gegen Gott und obschon sie den Schuldigen zur Last gelegt werden muß, doch in einem tieferen Sinne Gottes Absicht dienen mußte, und, was doch sehr oft vergessen wird, Christi freier Entschluß. Man könnte nun freilich in dieser Hinsicht eine Vielfalt von Betrachtungen anstellen, mehr als gewöhnlich gemacht werden, um dieses Historische zu beleuchten, um es recht und gegenwärtig zu machen, oder, was dasselbe ist, um die bloß menschliche Seite davon zu vergegenwärtigen — denn das Ewige, das Göttliche darin ist ja ein beständig Gegenwärtiges. Dies kann freilich auch jeder Glaubende tun. Aber, was ja wohl verständlich ist, der Glaubende will es nicht gerne, weil der Tod des Heiligen für ihn eine ganz andre Bedeutung hat, so daß er sich ungern auf diese Weise mit ihm beschäftigt, dagegen glaubt er lieber, weil er glauben *soll*, statt wie es sinnlos heißt, *weil er begreifen kann*. Jene aber, die eine eitle Lust haben, sich selbst und der Welt gegenüber sich wichtig zu machen, indem sie solche Reflexionen anstellen, vermögen es im allgemeinen nicht.

a. Man könnte also fragen: Wie war es eigentlich möglich, daß Christus gekreuzigt werden konnte? Als Antwort könnte man nun zu zeigen versuchen, daß er, als das Absolute, die Relativität gleichsam sprengen mußte, in der nun einmal die Menschen leben, weil sie nur Menschen sind. Sein Tod war dann, griechisch verstanden, gleichsam eine furchtbare Art von Notwehr der *leidenden* Menschheit, die ihn nicht auf sich nehmen konnte. Aber diese Antwort ist verfehlt, ja leichtsinnig-blasphemisch, wenn sie verschweigt, daß die Relativität, in welcher die Menschen leben, die Sünde ist.

b. Man könnte fragen: Wie war es doch nur möglich, daß Christus totgeschlagen werden konnte? Er, der in nichts, in keiner Weise sein Eigen suchte; wie war es möglich, daß irgendeine Macht oder irgendein einzelner Mensch mit ihm kollidieren konnte? Antwort: Gerade deshalb wurde er totgeschlagen, weil er in nichts sein Eigen suchte. Gerade deshalb waren die Niedrigen und die Hohen gleich erbittert auf ihn; denn von denen suchte jeder seinen eigenen Vorteil und wollte, daß er in der Selbstsucht Zusammengehörigkeit mit ihnen zeigen sollte. Er ward genau deswegen gekreuzigt, weil er die Liebe war oder, weiter ausgeführt, weil er nicht selbstsüchtig sein wollte. Er lebte deshalb auch so, daß er ebenso den Hohen wie den Niedrigen zum Stein des Anstoßes werden mußte, denn er wollte keiner der widerstreitenden Parteien angehören, sondern sein, was er war: die Wahrheit, und zwar aus Wahrheitsliebe. Die Mächtigen haßten ihn, weil das Volk ihn zum König machen wollte, und das Volk haßte ihn, weil er nicht ihr König werden wollte.

c. Man könnte, um das Historische zu erhellen, auf die Tatsache hinweisen, daß er zuerst die Königsmacht zu erstreben schien, was geradezu ein Anlaß war, daß er gekreuzigt werden konnte. Denn, soll in Lebensbeziehungen rechte Leidenschaft kommen und in die Leidenschaft Feuer, so muß Zug her. Aber Zug ist Doppelbewegung, die Kreuzung zweier Luftströmungen. Gerade daß die Juden ihre ganze Aufmerksamkeit auf ihn geheftet hatten, so daß sie ihn zum König machen wollten, gerade daß er selbst im Anfang einen Augenblick, wie es schien, diese Richtung einschlug: gerade das wurde der Stachel in der Erbitterung, wurde Blutdurst im Rasen des Hasses, als er dann doch nicht wollte. Er war den Zeitgenossen in hohem Grade wichtig, sie wollten in ihm am liebsten den Erwarteten sehn, sie wollten es ihm fast aufnötigen und ihn in die Rolle hineinzwingen; aber daß er es dann doch nicht sein wollte! Christus war der Erwartete, und dennoch ward er von den Juden gekreuzigt, und ward es gerade, weil er eben der Erwartete war. Er war seiner Zeit und seinen Zeitgenossen allzu bedeutungsvoll, als daß hier die Rede davon sein könnte, ihn einfach unbeachtet zu lassen; nein, hier galt es: entweder — oder, entweder lieben oder hassen. Die Juden waren so von der Idee besessen, daß er der Erwartete sein müßte, daß sie den Gedanken nicht aushalten konnten, daß er all die angebotene Herrlichkeit nicht annehmen wollte. Das heißt, hier ist der Weltkonflikt zwischen zwei Vorstellungen, zwischen der des Augenblicks und der der Ewigkeit, über das, was unter „dem Erwarteten" verstanden werden soll. In abstracto ist Christus für alle der Erwartete, und er ist es ewig. Aber nun kommt der Konflikt. Das selbstsüchtige, eingebildete Volk will ihn für seine Eigenliebe ausnutzen: Christus soll „der Erwartete" sein, aber auf den Augenblick zugeschnitten. Indem er gleichsam einen Augenblick nachgibt, lockt er diese ihre Idee hervor, daß sie offenbar werde; und nun, nun wird es Schritt für Schritt offenbarer, daß er im Sinne der Ewigkeit der Erwartete ist. Seine Zeit sah deshalb ohne Zweifel, irrend wie sie war und rasend in ihrem Irrtum, rasend darüber, sich in ihm getäuscht zu haben, rasend darüber, daß sie einen zum König hatte machen wollen, der diese Ehre verschmähte, rasend darüber, daß sie eingestanden hatte, wie sehr sie ihn in ihrem Sinne brauchte — seine Zeit hat ohne Zweifel Christi Leben für einen ungeheuren Hochmut angesehen. Deshalb hat es für viele gewiß in ihrem gottlosen Irrtum wie eine gerechte Nemesis geklungen, dieses Wort: „Mein Gott, mein Gott, warum hast du mich verlassen." Aber auch all dies gehört mit zur Schuld der Juden, mit dazu, sie in ihrer Gottlosigkeit zu beleuchten, daß sie Christus mit solcher Aufmerksamkeit beobachtet hatten, so daß hier nicht von einem gewöhnlichen Mißverständnis die Rede sein kann. Im Gegenteil, sie hatten zu ihm aufgesehn, hatten auf ihn gezeigt, wollten auf ihn stolz sein, um nun erst recht, gründlich und mehr als je, alle anderen Völker zu verachten — wenn er bloß ihrer Herrschsucht hätte dienen wollen. Das will sagen, sie hatten seine unendliche Überlegenheit erfaßt. Und doch wollten sie sich nicht beugen unter ihn, nicht lernen von ihm, was die Wahrheit sei über „den Erwarteten"; sie wollten herrschsüchtig, daß er ihnen dienen solle, ihrer Lust sich füge — um ihn dann zu vergöttern, eine Vergötterung, die dann in einem anderen Sinne Selbstvergötterung geworden wäre, indem es ihrer Herrschsucht schmeichelte, und zwar dadurch, daß er ja ihre Entdeckung geworden wäre. Das will sagen, sie hatten von den Vätern Voraussetzungen genug, und sie hatten genug verstanden, um ihn verstehen zu können, wenn sie gewollt hätten, aber sie wollten ihn nicht verstehn. Eines ist es ja, wenn eine Zeit einen Mann verhöhnt und verfolgt hat, den sie buchstäblich nicht verstehen kann, sondern für verrückt halten muß. So, wenn die Mitwelt Kolumbus verhöhnte, denn die Mitwelt konnte es mit dem besten Willen nicht in ihren Kopf bekommen, daß noch ein andrer Weltteil dasein sollte. Etwas ganz andres ist es, wenn eine Zeit die ungeheure Überlegenheit eines Mannes versteht, geradezu in ihn vernarrt ist, aber sich dann frech (selbst wenn es mit Schmeicheln geschieht) ertrotzen will, daß er das sein solle, wozu sie ihn machen will — anstatt sich ihm unterzuordnen und von ihm zu lernen.

d. Man könnte, um dieses Historische zu erhellen, zeigen, wie die historische Situation, menschlich gesprochen, dazu beitragen mußte, die Juden gegen Christus aufzuhetzen. Das national und religiös stolze Volk seufzte unter den Fesseln in verachteter Knechtschaft, mehr und mehr irrsinnig stolz; denn der Stolz ist der wahnsinnigste, der zwischen Selbstvergötterung und Selbstverachtung oszilliert. Das Land ist in seinem Untergang begriffen; alle Gemüter sind um die Belange der Nation bekümmert; alles ist Politik bis zur Verzweiflung. Und nun er, der ihnen helfen könnte, er, den sie zum König gemacht haben würden, er, von dem sie alles erhofft hatten, er, der gleichsam selbst einen Augenblick dem Mißverständnis beistimmte! Und nun, gerade jetzt, in diesem Augenblick auszudrücken, und so furchtbar entscheidend auszudrücken, daß er nichts, nichts mit Politik zu schaffen habe, daß sein Reich nicht von dieser Welt sei! Die verblendeten Zeitgenossen mußten ja, menschlich gesprochen, darin den furchtbarsten Verrat an ihrer Nation erblicken. Es war, als hätte Christus den grellsten Gegensatz ausgesucht, den anstößigsten Gegensatz, um das Ewige recht zu zeigen, das Reich Gottes — im Gegensatz zum Irdischen. Denn wenn irdisches Elend, eines ganzen Volkes Dasein, des auserwählten Gottesvolkes, auf dem Spiele steht, so daß es um Sein oder Nichtsein geht, dann scheint es, menschlich, daß doch diese Frage zuallererst in Betracht käme. Der Gegensatz kann nicht klaffender sein. In den Friedenszeiten eines glücklichen Landes ist der Gegensatz des Ewigen zum Irdischen nicht so scharf. Zu einem reichen Mann zu sagen, trachte zuerst nach dem Reiche Gottes, ist eine milde Rede im Gegensatz zu dieser harten, dieser menschlich aufreizenden, zu einem Hungernden zu sagen, trachte zuerst nach dem Reiche Gottes. Also, das war ja, menschlich, wie ein Verrat an der Zeit, am Volke, an der Sache des Volkes. Und darum kränkte wiederum so tief diese doppelte Anzüglichkeit des stolzen Römers, des Pilatus: über das Kreuz die Inschrift zu setzen „Der

Juden König". Oh, dies hatte das in Stolz verzweifelte Volk sich gewünscht, einen „König" — und er hätte es sein können. Aber nun klang der Spott doppelt: über ihn, den Gekreuzigten, daß man ihn „König" nannte, und über die Juden — daß man ihn „König der Juden" nannte, als wolle man dem Volke zeigen, wie erbärmlich und ohnmächtig es sei.

e. Man könnte, um diese historische Wirklichkeit zu erhellen, zeigen, wie der Umstand, daß das Ganze im Laufe von drei Jahren vor sich ging, menschlich gesprochen, dazu beitrug, Christi Tod zu motivieren. Mit der Hilfe des ersten Eindrucks vom Außerordentlichen (Christus zum König zu wollen) stürzt sich das Geschlecht plötzlich in das entgegengesetzte Extrem, ihn totzuschlagen, das heißt, vom *indirekten* Ausdruck für das Außerordentliche stürzt das Geschlecht in den umgekehrten Ausdruck für das Außerordentliche. Aber die Zeit war auch in einem gewissen Sinn dieser Generation so knapp zugemessen, daß sie dadurch in einen exaltierten, überreizten Zustand versetzt wurde; es fehlte, menschlich gesprochen, eine Pause, in der das Geschlecht Atem holen konnte, eine Pause zwischen dem *Mißverständnis*, daß Christus im irdischen Sinne der Erwartete sei, und dem *Verständnis*, daß er Geist und Wahrheit ist. Wäre Christus nicht die Wahrheit gewesen, hätte er also die Mitlebenden schonen, mit Hilfe von Sinnesbetrug etwas ihre Gemüter abkühlen können, hätte er sich mit gehörigen Pausen ferngehalten, sein Leben auf zwanzig Jahre verteilt, anstatt es in drei zu verdichten — und wäre Mensch gewesen, wäre wohl aus einem anderen Grunde dazu genötigt gewesen —, dann wäre er doch, menschlich gesprochen, vielleicht nicht totgeschlagen worden. Aber in dieser fürchterlichen Anstrengung, wo das Göttliche jeden Tag in Ewigkeit zur Stelle ist, in dieser fürchterlichen Anstrengung, in so kurzer Zeit den Wechsel der größtmöglichen menschlichen Gegensätze zwischen Erhebung und Erniedrigung durchzumachen, in dieser fürchterlichen Anstrengung drei Jahre lang in einem Zug, ohne die kleinste Pause, in der größtmöglichen Spannung gehalten zu werden: ist das Geschlecht wie außer sich selbst — und ruft nun: kreuzige! kreuzige!

f. Doch wozu alle diese Reflexionen, die vielleicht meine Aufmerksamkeit von der Hauptsache ablenken: Er sagte von sich selbst, daß er Gott sei. Das ist genug, hier, wenn irgendwo und irgendje, gilt es auch absolut: entweder — oder, entweder anbetend niederfallen oder mit dabeisein, ihn totzuschlagen, oder ein Unmensch sein, in welchem keine Menschlichkeit ist, der nicht einmal aufgebracht werden kann, wenn ein Mensch sich als Gott ausgeben will. Aber mit all dem bin ich noch nicht bis zu meinem eigentlichen Zweifel angelangt.

5. Mein Zweifel lautet so: Wie konnte der Liebende es übers Herz bringen, die Menschen so schuldig werden zu lassen, daß sie seine Ermordung auf ihr Gewissen luden; hätte er es nicht, als der Liebende, auf jede Weise verhindern müssen und lieber etwas nachgeben sollen, für den es leicht genug gewesen wäre, sie jeden Augenblick, wenn er es wollte, auf seine Seite zu ziehen! Denn, daß in der Verwirrung des Streites ein Mensch mit anderen Menschen so streitet, daß er sie, was sie ja auch in Wahrheit sind, für die Stärkeren hält und darum überhaupt an sich nicht denkt, sondern einzig daran, sich zu wehren: das verstehe ich. Aber schon bloß ein *Mensch*, wenn er die Wahrheit auf seiner Seite hat und sich dessen bewußt ist, muß ja in dem Grade stark, in dem Grade stärker sich fühlen gegenüber den Tausenden und aber Tausenden, daß er nur uneigentlich mit ihnen kämpft, daß all ihr Widerstand ihn bloß wehmütig macht, so daß sein eigentliches Gefühl die Sorge um sie ist, so daß er liebend in jeder Weise auf ihr Bestes sieht. Und er nun, der ewig Starke, was kann aller Menschen Widerstand und Angriff ihm bedeutet haben? Kann er auch nur einen Augenblick um sich selbst besorgt gewesen sein, muß er nicht einzig um sie besorgt gewesen sein, er, der Liebende? Und in dieser Sorge der Liebe muß das ja eine Überlegung gewesen sein: ob es doch nicht zu hart gegen sie sei, ob es doch nicht möglich sei, ihnen das entsetzliche Äußerste zu ersparen, ihn totzuschlagen.

6. Doch finde ich nun keine Schwierigkeit für meinen Glauben. Denn er war nicht bloß der Liebende, er war die Wahrheit. Und für ihn, den Heiligen, war die Welt die arge, die sündige, die gottlose. Hier kann also in alle Ewigkeit nicht die Rede von irgendeiner Nachgiebigkeit sein, ohne daß sie eo ipso Unwahrheit ist. Demnach, sein Tod war ja die Versöhnung, und leistete also Genugtuung auch für die Schuld,

die ihn kreuzigte; sein Tod hat rückwirkende Kraft; ja in einem gewissen Sinne muß man sagen, daß keiner so leicht weggekommen ist, einen Unschuldigen totzuschlagen, wie gerade die Juden; o ewige Liebe: Sein Tod ist die Versöhnung für seinen Tod! Endlich war er nicht bloß einzelnes Individuum, er verhielt sich total zum Geschlecht, sein Tod war die Versöhnung für das ganze Geschlecht; die Bestimmung des Geschlechts greift hier plötzlich ein in das Verhältnis zwischen ihm und den Juden.

So verstehe ich dieses, so verstehe ich mich im Glauben. Es ist wie eine Kollision, die wohl mit zu seinem Seelenleiden gehört haben muß. In Liebe will er den Tod der Versöhnung sterben; aber damit er sterbe, muß das mitlebende Geschlecht eines Mordes schuldig werden — was er, der Liebende, ja so unbeschreiblich gerne verhindert haben wollte: aber wäre es verhindert worden, so wäre auch die Versöhnung unmöglich geworden. Ach, und mit jedem Schritt näherte er sich dem Ziele seines Lebens: den Tod zu erleiden, mit jedem Schritt kommt das Furchtbare näher, daß das mitlebende Geschlecht so schuldig werden muß. Doch ward das Geschlecht nicht schuldiger, als es war — denn er war die Wahrheit; sondern das Geschlecht ward genauso schuldig, wie es war — denn er war ja die Wahrheit; die Schuld des Geschlechts ward bloß in der Wahrheit offenbar. Und auf das mitlebende Geschlecht darf man wohl Christi Worte anwenden: „Meinet ihr, daß diese Galiläer schuldiger wären?" Das mitlebende Geschlecht ist nicht schuldiger als jedes andre, es ist die Schuld *„des Geschlechts"*, die offenbar wird. Er will also seinen Tod; doch ist er nicht schuld an seinem Tod, denn die Juden schlugen ihn ja tot — und doch will er ja den Tod der Versöhnung sterben, und mit dieser *Absicht* kam er in die Welt. Er hat es in jedem Augenblick in seiner Macht gehabt, seinen Tod zu verhindern, nicht bloß göttlich (mit Hilfe der dreißig Legionen Engel), sondern menschlich; denn die Juden wollten ja am liebsten in ihm den Erwarteten sehen, noch im letzten Augenblick hat er diese Möglichkeit gehabt — aber er ist die Wahrheit! Er will seinen Tod, doch gilt hier nicht, was menschlich gilt, daß dies Gott versuchen heißt. Sein freier Entschluß, sterben zu wollen, steht in ewiger Übereinstimmung mit dem Willen des Vaters. Wenn ein Mensch seinen Tod will, dann heißt das Gott versuchen, weil kein Mensch sich einer solchen Übereinkunft mit Gott vermessen darf.

7. So verstehe ich mich selbst im Glauben. Vor ihm knie ich anbetend, wie ein Mensch oder wie ein Sperling oder wie weniger als Nichts. Ich weiß auch wohl, was ich tue, und ich weiß, daß ich niemals vor irgendeinem Menschen gekniet habe. Aber ich verstehe mich selbst in diesem Glauben. Und würde ein kleines Mädchen, das in mir den Inbegriff aller möglichen Weisheit und Tiefe sähe, zu mir sagen: „Kannst du es *begreifen* oder nur etwas davon, wenigstens ein bißchen davon empfinden?", so würde ich antworten: „Nein, mein Mädchen, nicht mehr als ein Sperling mich begreifen kann." *Glauben* ist das Göttliche und Menschliche zusammen in Christo glauben. Ihn *begreifen* ist sein Leben menschlich begreifen. Aber sein Leben *menschlich* begreifen ist so weit entfernt, mehr zu sein als glauben, daß, wenn dabei nicht geglaubt wird, es heißt, ihn verlieren, da sein Leben das ist, was es für den Glauben ist, das *göttlich*-menschliche. Ich kann *mich selbst im Glauben verstehn;* ich kann mich selbst im Glauben verstehn, während ich dazu noch in einem relativen Mißverständnis dieses Lebens menschliche Seite begreifen kann: aber den Glauben begreifen oder Christum begreifen kann ich nicht; ich kann vielmehr verstehen, daß dies, ganz und gar sein Leben begreifen können, das Absoluteste ist, aber zugleich ein blasphemisches Mißverständnis. Siehe, wenn es darum auf leibliche Stärke ankäme, so würde ich Gott bitten, sie mir zu geben; da es dies aber nicht ist, will ich Gott bitten (und ich darf ihm geloben, daß sie einem redlichen Menschen gewährt werde), daß er mir Geisteskräfte geben möge, um all den Dünkel zu zerschmettern, der vermeintlich begreifen will, ihn zu zerschmettern oder ihn hinunterzustürzen in die Unwissenheit, dahin, wo ich selber bin — in die Anbetung.

B

1. Der Pfarrer, kollektiv verstanden, predigt ja über jene Herrlichen, die ihr Leben für die Wahrheit opferten. In der Regel nimmt der Pfarrer wohl an, daß niemand in der Kirche zugegen ist, dem es einfallen könnte, so etwas zu wagen. Wenn er sich hinreichend durch private Kenntnis-

nahme als der Seelsorger der Gemeinde darüber vergewissert hat, so predigt er frischweg; er deklamiert ordentlich und wischt sich den Schweiß dabei ab. Wenn nun am nächsten Tag zu diesem Pfarrer einer jener entschlossenen Menschen käme, die nicht deklamieren, ein stiller, bescheidener, vielleicht unansehnlicher Mann, der sich als einer von denen vorstellen würde, die der Pfarrer durch seine Beredsamkeit hingerissen hat, so daß er sich nun entschlossen hätte, sein Leben für die Wahrheit zu opfern; was dann? Dann würde der Pfarrer wohl gutmütig also reden: Aber, Gott bewahre, wie kommen Sie nur auf so etwas, reisen Sie, zerstreuen Sie sich, nehmen Sie ein Laxativ. Und wenn nun dieser unansehnliche Mann, unverändert still, bescheiden seinen Blick auf ihn heftete und mit diesem Blick auf ihn geheftet, dabei bliebe, von seinem Entschlusse zu reden, aber in den bescheidensten Ausdrücken, wie ein entschlossener Mann es gerne tut: so würde der Pfarrer wohl denken, wenn doch nur dieser Mensch weit weg wäre. — Oder, falls es doch ein tüchtigerer Pfarrer wäre, zu dem der Mann kam, so würde er wohl ernst mit ihm reden, herauszubekommen trachten, wen er vor sich habe, und, wenn er in dem Mann Aufrichtigkeit fände, dann würde er seinen Mut ehren.

Aber mein Problem kam noch gar nicht zur Sprache: *Darf ein Mensch sich für die Wahrheit totschlagen lassen?* Eines ist es ja: *habe ich den Mut dazu;* etwas ganz anderes: *darf ich es geschehen lassen?* Wie auf einem Thermometer eine Plus- und eine Minus-Skala ist, so gibt es auch im Dialektischen eine direkte Skala und eine Skala der Umkehrung. Aber so umgekehrt sieht man selten oder niemals das Dialektische im Denken der Menschen über das Handeln im Leben benützt; man kommt nicht zu dem eigentlichen Problem. Die Menschen kennen in der Regel nur das unmittelbar Dialektische. Oft habe ich große philosophische Werke gelesen, Vorlesungen von Anfang bis zu Ende gehört; es ist mir auch die ganze Zeit unter dem Lesen und bei den Vorträgen so vorgekommen, als verstände ich die Ausführungen — nur fiel es mir ab und zu auf: es sei doch eine ungeheuer lange Einleitung, wie würde wohl der Verfasser oder der Dozent fertig werden. Aber was geschieht? Das Buch ist aus, die Vorlesung vorbei — und was mehr ist, der Gegenstand sollte nun zugleich vollkommen erklärt und erschöpft sein. Und ich, der glaubte, daß wir erst anfingen, ich kann so natürlich nicht das mindeste von dem verstehen, was ich doch zu verstehn meinte. Auch in diesem Fall. Man redet davon, welcher Mut dazu gehöre, das Leben im Dienste der Wahrheit zu opfern, man beschreibt alle Gefahren, man läßt die meisten vor ihnen zurückschaudern, nur der, der Mutige, geht hinein, geht endlich in die Gefahr des Todes; er wird bewundert — Amen!

Und gerade hier fange ich an, nicht bei seinem Tod, der kommt erst später, sondern bei der Annahme, daß, was den Mut angeht, alles seine Ordnung und Richtigkeit habe. Jetzt fange ich an: Darf ein Mensch sich für die Wahrheit totschlagen lassen?

2. Wenn ein Mann für die Wahrheit totgeschlagen wird, so müssen ja einige dasein, die ihn totschlagen, das ist ja wohl klar genug. Meine Annahme ist, das darf nicht vergessen werden, daß er wirklich um der Wahrheit willen totgeschlagen wird. Es kann zur einen Zeit eine Regierung sein, eine geistliche oder eine weltliche, die es tut; zur anderen Zeit die Masse. Es kann zuweilen auch nach Recht und Gesetz geschehen; aber wenn es gewiß ist, was ich ja annehme, daß er für die Wahrheit totgeschlagen wird, so hilft das mit Recht und Gesetz nur wenig, denn was ist Recht und Gesetz ohne Wahrheit! Also die, welche ihn totschlagen, haben einen Mord auf ihrem Gewissen. — Darf ich nun oder darf ein Mensch, um der Wahrheit willen, andere eines Mordes schuldig werden lassen? Erfordert *meine Pflicht gegen die Wahrheit* so etwas, oder gebietet *meine Pflicht gegen meine Mitmenschen* nicht eher, ein wenig nachzugeben? Wie weit geht meine Pflicht gegen die Wahrheit und wie weit meine Pflicht gegen andre?

Die meisten verstehn wohl nicht, worüber ich rede. Sie reden, im Verhältnis zu einem Zeitgenossen, von der Unbesonnenheit, sich in Streit mit Mächten zu wagen, die einen totschlagen können; sie bewundern den längst Verstorbenen, der diesen Mut gehabt hat. Aber davon rede ich durchaus nicht. Ich nehme an, daß es ganz in der Ordnung ist, daß dem vorgestellten Menschen nichts weniger mangelt als der Mut, ich rede gar nicht von Unbesonnenheit, sich in Streit mit Mächten zu wagen, die einen totschlagen könnten. Ich rede von einer ganz anderen Macht, die, wenn sie totschlägt, für ewig totschlägt, ich rede von einer ganz anderen Macht, mit der man vielleicht unbesonnen einen Streit gewagt hat, von der Verantwortung: darf *ein Mensch* so weit gehen; darf er, selbst wenn er recht und die Wahrheit auf seiner Seite hat, darf er andre so schuldig machen; darf er eine solche Strafe anderen auferlegen? Denn das ist ja leicht genug zu sehn, daß gerade in dem Augenblick, wo sie ihn zu strafen meinen, indem sie ihn totschlagen, er sie entsetzlich straft, indem er sie daran schuldig werden läßt, daß sie ihn totschlagen. Es gibt fast keinen Vergleich zwischen diesem: unschuldig totgeschlagen werden, das bißchen Leiden — und dann dem Verbrechen, einen Unschuldigen, der für die Wahrheit litt, totgeschlagen zu haben! — Die meisten denken so: dazu ist Kraft erforderlich, das heißt stark sein, den Mut haben, sich totschlagen zu lassen; laßt die, die ihn totschlagen; die, die es tun, die Verantwortung für das tragen, was sie tun. Selbst der, welcher ungleich tiefer sieht als die meisten, selbst ein wesentlicher Ironiker denkt wohl mit unerschrockenem Witze so: Was geht das mich an, daß ich totgeschlagen werde — das geht „eigentlich" nur die an, welche es tun. Aber davon oder so rede ich nicht, ich rede von etwas ganz anderem, das doch vielleicht mehr Kraft erfordert und ganz anders den Starken kennzeichnet: mit dem Mut sich totschlagen zu lassen, mit der Ataraxie, jenes Tiefsinnig-Ironische zu fassen, liebend *um die andern bekümmert zu sein*, um die, welche, wenn man totgeschlagen werden soll, schuldig werden müssen, einen totzuschlagen. Ich rede davon: den Mut besitzen, sich totschlagen zu lassen und dann in Furcht und Zittern um seine Verantwortung bekümmert zu sein. Hat nämlich ein Mensch wirklich, im Verhältnis zu den andern, entscheidend die Wahrheit auf seiner Seite (und das muß er ja haben, wenn die Rede davon sein soll, für die Wahrheit totgeschlagen zu werden), dann ist er auch auf entscheidende Weise der Überlegene. Und was ist Überlegenheit? Es ist im selben Grad, wie die Überlegenheit immer größer wird, die höher und höher gesteigerte Verantwortung. Denn das ist gerade keine bequeme Sache, in Wahrheit der Überlegene zu sein, was wiederum heißt, es in Wahrheit zu sein, was darin liegt, in Wahrheit sich selbst darin zu verstehn, der Überlegene zu sein.

Also darf ich, darf ein *Mensch* sich für die Wahrheit totschlagen lassen?

3. Selten fällt es wohl einem Menschen ein, sich mit dem Gedanken zu beschäftigen: bereit zu sein, sein Leben für die Wahrheit zu opfern. Dagegen hat ja jeder oft gehört und gelesen von jenen Helden, die angeblich ihr Leben opferten. Man betrachtet also nur das Vergangene; daher wohl der verkehrte Gedankengang. Im allgemeinen wird vermutlich angenommen, daß es so geschehen sei. Ein Mann hat die eine oder andere Wahrheit ausgesprochen, dreist, beherzt. Er selbst hat am wenigsten daran gedacht, daß diese Rede ihn zum Tode führen könnte. Aber dann, dann, ja man weiß nicht, wie es eigentlich zuging, dann steht er plötzlich da und ist zum Tode verurteilt — und stirbt dann für die Wahrheit. Das Ganze ist also Begebenheit, bloße Begebenheit. Hier bleibt gar kein Raum (was doch der *„Verantwortung"* entspricht) *für das freie Mitwirken an seinem eigenen Tod*, welches das eigentliche Sich-Opfern für die Wahrheit wäre. Er, der Totgeschlagene, ist der Leidende, nicht der in jedem Augenblick freiwillig Leidende, der von Anfang an und dann Schritt für Schritt frei darin einwilligt, leiden zu wollen, obgleich er es jeden Augenblick zu verhindern vermag, da es ja in seiner Macht liegt, dadurch, daß er es nicht ganz so genau mit der Wahrheit nimmt, sogar noch bewundert zu werden. Aber die meisten haben keine Vorstellung davon, was Überlegenheit ist und was für eine Überlegenheit es sein muß, die Wahrheit auf seiner Seite zu haben, keine Vorstellung von der Freiheit der Selbstbestimmung des freiwillig Leidenden, wodurch er Mitwirkender an seinem Tode wird und den andern die Schuld auf ihr Gewissen bürdet, wenn sie ihn totschlagen. Man läßt geradezu das Mensch zu Mensch in einem nur äußerlichen Verhältnis stehen: die anderen schlagen ihn tot. Doch ist so noch niemals einer für die Wahrheit *geopfert* worden. Ist er geopfert worden, so hat er auch (gerade weil Freiheit und Selbstbestimmung untrennbar sind vom Sich-Opfern, und Verantwortung untrennbar von Freiheit und Selbstbestimmung) verstanden, daß er es in seiner Macht hatte, seinen Tod zu verhindern, und also, daß er die

Verantwortung trug, andere an seinem Tode schuldig werden zu lassen.

Das, was überhaupt die Menschen am wenigsten beschäftigt, ist gerade, was mich am meisten beschäftigt: der Anfang — um den Schluß kümmere ich mich nicht viel —, am wenigsten um das, was vorgeht. Ich kann mich mit etwas nur als Gegenwärtiger beschäftigen, und muß also fragen: Wie kam der Mensch dazu, anzufangen? Es ist der Anfang, von dem ich etwas lernen soll. Nur von dem, was er getan hat und wie er es getan hat, kann ich lernen: das muß ich also von Anfang an wissen; von dem, was einem Menschen zugestoßen ist, kann ich nichts lernen.

Ich denke mir also einen Menschen, der genausoviel Reflexion hat, wie er Mut und Begeisterung hat. Ein solcher Mann muß sich von Anfang an darüber vergewissern, wohin das führen kann. Er muß sich selbst darin verstehen, daß, wenn es sein sollte, es sein — nein, nicht sein *Schicksal* ist, denn das wird es nie sein; wird er totgeschlagen für die Wahrheit, ist es seine *Wahl*. Er muß sich also selbst darin verstehen, an seinem Tod ein freiwillig Mitwirkender zu sein; er muß sich verstehen in der Verantwortung, die er auf sich nimmt, worin auch die Fragwürdigkeit eingeschlossen ist über die Verantwortung, andere an seinem Tode schuldig werden zu lassen. Es muß in seinem Leben vor allem ein Augenblick kommen, wo er zu sich selbst sagt: „Schraube ich jetzt die Bestimmung des Wahren noch höher hinauf, so hoch, wie sie in Wahrheit für mich ist, so führt mich das zum Tode, so muß es damit enden, daß entweder die Regierung oder das Volk (je nachdem mit welcher von diesen beiden Mächten er es zu tun hat) mich totschlägt."

Hier ist das Problem! Darf er es? Die meisten werden nur schwer ein Auge dafür haben; sie werden, wenn es sich um einen Zeitgenossen handelt, den Vorwurf der Streitsucht machen, weil er so hartnäckig dabei bleibt; wenn es sich um einen längst Verstorbenen handelt, werden sie ihn bewundern, daß er so ausdauernd dabei blieb. Ich frage: Darf er, darf ein *Mensch* sich für die Wahrheit totschlagen lassen?

4. „Er ist an seinem Tode selber schuld", so sagen die Mitlebenden von einem, der sein Leben für die Wahrheit opferte. Dieses ist es gerade, was mich beschäftigt. Es ist mancher

Mann totgeschlagen worden, mancher ist von einem Gerüst heruntergefallen usw. — aber keiner noch hat sein Leben für die Wahrheit *geopfert*, ohne daß er selbst schuld daran gewesen wäre. Und doch, wenn er sein Leben für die Wahrheit geopfert hat, ist er im edelsten Sinne ein Unschuldiger gewesen.

Aber, wenn er „selber schuldig an seinem Tode" ist, so hat er auch das Bewußtsein davon, welchen Vergehens er andere schuldig werden ließ — und nun frage ich: Darf ich es, darf ein *Mensch* das tun um der Wahrheit willen, ist das nicht eine Grausamkeit gegen die andern? Die meisten sehen schwerlich mein Problem. Man redet davon, daß es grausam sei, ihn, den Unschuldigen totzuschlagen — aber ich frage: War es nicht grausam von ihm oder ist es nicht grausam von ihm gegen die andern, die Sache so weit kommen zu lassen, daß sie ihn totschlugen oder totschlagen?

5. Was erreicht ein *Mensch* dadurch, daß er für die Wahrheit geopfert wird oder, um es in der Form meines Problems auszudrücken, dadurch, daß er andere daran schuldig werden läßt, ihn für die Wahrheit totzuschlagen? 1) Er erreicht, daß er sich selber treu bleibt, seine Pflicht gegen die Wahrheit absolut erfüllt. 2) Weiter erreicht er, vielleicht durch seinen unschuldigen Tod erweckend zu wirken, und so der Wahrheit zum Siege zu verhelfen. Es ist ganz gewiß, daß, wenn die Menschen sich gegen die Wahrheit verhärtet haben, es kein Mittel gibt, das so geeignet wäre, ihnen wieder den Weg zu öffnen, als der Glaube, die Erlaubnis zu haben, einen Wahrheitszeugen totschlagen zu dürfen! Gerade in dem Augenblick, wo die Unwahrheit ihn umgebracht hat, wird ihr bange vor sich selbst, was sie getan hat, ohnmächtig durch ihren Sieg, welcher gerade der Unwahrheit Niederlage ist; sie wird schwach, nun da sie nicht mehr mit ihm streiten kann. Denn gerade sein Widerstand gab der Unwahrheit Kräfte; in sich selbst hat sie keine Macht, welches nun offenbar wird und am stärksten, am ironischsten, offenbar dadurch, daß sie nicht die Niederlage erlitt, sondern daß sie siegte, so — daß gerade der Sieg zeigt, wie ohnmächtig sie ist. Denn wenn einer eine Niederlage erleidet, so sieht man nicht ganz, wie schwach er ist; man sieht, wie stark der andere ist. Aber wenn einer siegt — und dann ohnmächtig zusammenbricht, so sieht man, wie schwach er ist und war — und wie stark

der andere war, er, der ihn verleitete, auf solche Weise zu siegen, ihn narrte, da er zerschmettert wurde, wie keine Niederlage ihn hätte zerschmettern können. 3) Endlich wird sein Tod um der Wahrheit willen als ein erweckendes Vorbild für die nachfolgenden Geschlechter dastehen.

Aber für die nun, die ihn totschlugen oder totschlagen, kann für sie der Tod des Wahrheitszeugen etwas bewirken, um die Schuld von ihnen zu nehmen, hat der Tod des Wahrheitszeugen *rückwirkende* Kraft? Nein, die hatte nur Christi Tod, denn er war mehr als Mensch und verhielt sich zum ganzen Geschlecht. Und selbst wenn die Schuld an seinem Tode ihnen hülfe, auf die Wahrheit aufmerksam zu werden: ihre Schuld bleibt trotzdem unverändert, sie muß darum nun wohl noch größer erscheinen. Darf ich ein so gewaltsames, ein so furchtbares Erweckungsmittel anwenden? — Die meisten sehen schwerlich das Problem. Man redet von dem Entsetzlichen, die Todesstrafe anzuwenden, um einen Mann zu zwingen, die Wahrheit anzunehmen. Aber ich rede von dem Entsetzlichen: einen Mann oder ein Zeitalter schuldig werden zu lassen, mich totzuschlagen, um auf diese Weise ihn oder es zu erwecken, die Wahrheit anzunehmen. Ist dies letztere nicht eine weit verantwortlichere Operation als das erste?

6. Kann die Wahrheit von jeder Verantwortung in Hinsicht auf die Schuld befreien, andere daran schuldig werden zu lassen, einen für die Wahrheit totzuschlagen? Ja, warum nicht. Aber (und nun wende ich die Frage anders als im Vorhergehenden, wo ich deshalb dieses „Ja" bezweifelte), kann von mir oder kann von einem *Menschen* im Verhältnis zu andern Menschen angenommen werden, in solchem Grade im Besitz der Wahrheit zu sein? Denn mit Christus war es eine andere Sache, er war „die Wahrheit".

Gibt es für einen *Menschen* allein im Verhältnis zu anderen *Menschen* — im Kampfe — eine absolute Pflicht der Wahrheit gegenüber? Anstatt zu antworten muß ich die Antwort durch eine neue Frage ausdrücken, welche zugleich die Sache anders wendet, als da ich fragte: Darf ein Mensch, selbst wenn er recht hat und die Wahrheit auf seiner Seite, darf er andere eines Mordes schuldig werden lassen (vgl. 2)? Die Frage lautet: Kann von einem Menschen allein im Verhältnis zu andern Menschen angenommen werden, daß er absolut im Besitz der Wahrheit sei? Denn wenn nicht, wäre es ja ein Selbstwiderspruch zu der absoluten Pflicht gegen das, was ich nicht absolut besitze.

7. Aber dann kann ja der Wahrheitszeuge, wenn er sieht, daß nun der Augenblick gekommen ist, daß es sein Tod wird, dann kann er ja von diesem Augenblick an *schweigen*. Darf er das? Hat er nicht gegen die Wahrheit die Pflicht, zu reden — was es auch kosten möge? Die meisten werden nun freilich darunter das Gegenteil von dem verstehen, was ich verstehe. Sie verstehen dieses „was es auch kosten möge" von der Bereitschaft her, das Leben zu opfern; ich verstehe darunter, daß es kosten soll, andere eines Mordes schuldig werden zu lassen. Darf er schweigen? Und gesetzt nun, man zwänge ihn zu reden — obwohl er doch weiß, daß die Wahrheit, wenn er sie sagt, sein Tod werden wird, oder richtiger, bewirken wird, daß die andern daran schuldig werden, ihn totzuschlagen: Darf er dann eine Unwahrheit sagen? Und ist er dann so ganz ohne Verantwortung, weil ja die andern ihn dazu zwangen, also weil sie selbst ihn zwangen, sie daran schuldig werden zu lassen, ihn totzuschlagen?

8. Aber dann könnte er ja, weil er die andern in seiner Macht hat, von dem Augenblick an, wo er voraussieht, daß ihr Streit damit enden muß, daß sie ihn totschlagen: dann könnte er ja etwas anderes tun. Denn daß er es ist, der die andern in seiner Macht hat, ist das Wahre. Die meisten verstehen es umgekehrt, daß die andern es seien: die Starken, die ihn in ihrer Macht haben; aber das ist eine Sinnestäuschung. Die Wahrheit ist immer am stärksten, und er hat sie gerade dadurch in seiner Macht, daß er sie *zwingen* kann, ihn totzuschlagen, weil er der Freie ist und weiß, daß die Unfreien so in der Macht der Unwahrheit sind, daß sie ihn totschlagen müssen, wenn er das Wahre so und so sagt. Also könnte er etwas anderes tun, er könnte zu ihnen sagen: „Ich bitte und beschwöre euch bei allem, was heilig ist, gebet nach. Ich kann es nicht, mich verpflichtet die Wahrheit, mich zwingt die Wahrheit — das Einzige, was mich zwingt. Aber ich sehe, daß es mein Tod wird, ich sehe, daß ich also schuldig an der Schuld werde, die ihr auf euch dadurch herunterzieht, daß ihr mich totschlagt. Und von dieser meiner Schuld will

ich bitten, ja flehentlich betteln, frei zu sein; denn die fürchte ich — den Tod nicht!" *Aber wenn sie ihn dann nicht verstehen können,* ist er dann untadelig, wenn er sie schuldig werden läßt? — Oder könnte er sagen: „Ich lege die Verantwortung auf euch für die Schuld, die ich in gewisser Weise dadurch bekomme, daß ich euch an meinem Tode schuldig werden lasse"? Braucht er dann nichts zu bereuen?

9. Also: „wenn sie ihn nicht verstehen *könnten*". Oder darf ein Mensch sagen: Sie *wollen* mich nicht verstehen? Denn dies durfte Christus sagen. Vor ihm, dem Heiligen, der Wahrheit, war der Widerstand Gottlosigkeit. Mehr noch, er, der Gott war und in die Herzen sah, er wußte zugleich, wie groß ihre Schuld war, er, vor dem nichts verborgen war, er wußte, daß sie ihn nicht verstehen wollten, so daß die Schuld, deren sie offenbar schuldig wurden, ewig genau der Schuld entsprach, die in ihnen wohnte. Aber darf ein *Mensch* im Verhältnis zu andern Menschen, wenn es dieses Äußerste gilt, sich totschlagen zu lassen, darf er dann sagen: Sie wollen mich nicht verstehn, ihr Mißverständnis ist Gottlosigkeit? Kann ein *Mensch* in andrer Herzen schauen und sehen? Das kann er ja doch wohl nicht; aber er kann ja auch nicht mit Bestimmtheit wissen, daß der Grund ihres Widerstandes der ist, daß sie ihn nicht verstehen wollen. Also darf ein *Mensch*, wenn die Sache bis zum Äußersten gekommen ist, daß sie daran schuldig werden, ihn totzuschlagen, darf er sagen: Sie *wollen* mich nicht verstehn?

Oder ist das Dialektische im Verhältnis zwischen *Mensch* und *Mensch* nicht so relativ (eben weil kein Mensch das Absolute ist), daß es umschlägt, und dies, daß sie ihn totschlagen wollen, für ihn bedeutet, daß er zweifelnd sich gegen sich selbst wenden muß, daran zweifelt, ob er denn wirklich recht habe, die Wahrheit besitze, da doch die andern (welche ja wohl in Hinsicht auf die Wahrheit qua Menschen nicht absolut von ihm verschieden sein können) ihn totschlagen wollen? Muß er nicht in jedem Falle das polemische Verhältnis abbrechen und jedes erlaubte Mittel anwenden, um sie für die Wahrheit zu gewinnen? — Aber wenn das nun mißlingt, wie ja so oft gerade Milde in der Hitze des Streites wie Öl ins Feuer, der Versuch der Versöhnung das am stärksten Aufhetzende ist — was dann?

Ist aller Irrtum nur Unwissenheit, oder gibt es einen Irrtum, der Sünde ist? Aber wenn es so ist, gibt es ihn auch im Verhältnis zwischen Mensch und Mensch; denn daß es ihn im Verhältnis zwischen Christus und den Menschen gab, das ist ja etwas ganz anderes.

Das Unwahre in Sokrates' Verhalten war, daß er Ironiker war, daß er, natürlich, keine Vorstellung hatte von der christlichen Liebe, die gerade an der Sorge um die Verantwortung erkannt wird, der Verantwortung im Verhältnis zu den andern, während er für seine Zeitgenossen keinerlei Verantwortung zu haben meinte, sondern nur für die Wahrheit und für sich selbst. Denn dieses war nicht das Wahre im Sokratischen, daß die Sünde Unwissenheit sei, daß er, griechisch, nur das Verhältnis zwischen Mensch und Mensch dachte. Christlich ist das Verhältnis zwischen Gott und Mensch, darum ist Irrtum Sünde. Aber gilt dieses Christliche im Verhältnis zwischen Mensch und Mensch? Und wenn es nicht gilt, wenn im Verhältnis zwischen Mensch und Mensch aller Irrtum Unwissenheit ist, darf ich dann einen schuldig werden lassen, mich für die Wahrheit totzuschlagen, heißt das nicht Unwissenheit allzu grausam strafen?

10. Das Christentum lehrt, daß die Welt böse ist; als Christ glaube ich das. Aber ist das nicht zu hoch, um es auf das Verhältnis zwischen Mensch und Mensch anzuwenden? Ich habe zu diesem Zweck, beschäftigt mit meinem teuersten Gedanken, das Leben zu opfern, auf das sorgsamste danach gestrebt, die Menschen kennenzulernen. Wovon ich mich überzeugt habe, ist, daß jeder Mensch gutmütig ist, wenn er allein ist oder wenn man die Erlaubnis hat, mit ihm allein zu reden. Sobald er „Menge" wird, so kommen die Abscheulichkeiten — oh, so abscheulich hat nie, niemals je der schlechteste Tyrann gehandelt wie die Menge oder wie, was das noch Furchtbarere ist, die abscheulich reuelose Menge. Aber Christus stand nicht im Verhältnis des einzelnen Menschen zu andern, sondern wesentlich zum Geschlecht.

Doch entsteht hier eine Mißlichkeit mit Rücksicht auf die Schuldanrechnung. Es sieht ja aus, als könnte die „Menge", dieses Phantom, dieses Abstraktum, daran schuldig werden, woran keiner der Einzelnen, aus denen diese „Menge" bestand, schuldig war. Aber der „Menge" etwas „anzurechnen" ist eine Lächerlichkeit, wie wenn man den Wind schuldig erklären wollte. Deshalb würde es mir nichts helfen, die Menge als Schuldigen zu denken und die Einzelnen als Unschuldige, so verstanden, daß ich, wiewohl ein Mensch, sagen dürfte, daß die „Menge" gegen mich *sündigt*, aber die Einzelnen nicht, weil sie bloß Irrende waren. Dies war ja auch nicht der Fall im Verhältnis zu Christus, jeder Einzelne in der Menge, die gegen ihn sündigte, jeder Einzelne sündigte gegen ihn. Darf also ich, ein Mensch, der selbst zur argen Welt gehört, sagen, daß die Welt im Verhältnis zu mir böse sei, das heißt, daß ich rein und heilig sei? Wenn nicht, so ist es ja, fast hätte ich gesagt, eine läppische Einbildung, aber richtiger gesagt, ist es eine Blasphemie, so starke Worte zu machen: sich totschlagen zu lassen für die Wahrheit.

11. Oder verhält sich die Sache vielleicht so: Jedesmal, wenn wirklich ein Mensch für die Wahrheit totgeschlagen werden soll, bedeutet dies, daß die Wahrheit dialektisch geworden ist. Dies will ich nun untersuchen; und ich will aufpassen, nicht wiederzukäuen, nicht von dem zu reden, was vergangen und vorbei, sondern gegenwärtig. Also die, welche ihn totschlagen oder (futurisch) totschlagen sollen, sie folgen ihrem Wahrheitsbegriff und haben insoweit recht, ihn totzuschlagen. Aber wenn sie ein Recht haben, ihn totzuschlagen, so ist es ja kein Mord, dessen sie sich schuldig machen, sie bekommen keinen Mord auf ihr Gewissen. Anderseits muß er, der totgeschlagen wird, wirklich die Wahrheit besitzen, da es nach der Voraussetzung die Wahrheit ist, für die er totgeschlagen wird. Was bedeutet das also? So wird die Wahrheit ja selber zuletzt ein Unbestimmtes, ein Schwebendes, wenn nicht einmal das zu allen Zeiten feststeht, daß es ein Mord ist, einen Unschuldigen totzuschlagen, sondern daß es Fälle gibt, wo es nicht so ist, wo mit Vorsatz und Überlegung einen Unschuldigen totzuschlagen kein Mord ist, Fälle, wo der Totgeschlagene für die Wahrheit totgeschlagen wird, während die, welche es tun, nicht in der Unwahrheit sind, sondern auch die Wahrheit haben.

Und wenn es so wäre, mein Problem bliebe dasselbe: Darf ich für die Wahrheit mich totschlagen lassen, das heißt, darf ich, angenommen, daß die andern keinen Mord auf ihr Gewissen bekommen, darf ich (was ja aus dieser Annahme folgert) annehmen, daß ich in Hinsicht auf die Wahrheit so weit weg von andern Menschen bin, so hoch über ihnen, so weit ihnen voraus, daß fast keine Verwandtschaft mehr zwischen uns bleibt? Denn der Ausdruck für die Verwandtschaft ist: daß sie einen Mord auf ihr Gewissen laden; die andere Erklärung macht sie ungefähr zu dem, was Kinder im Verhältnis zu Erwachsenen sind.

12. Aber selbst wenn es so wäre, daß die Mitlebenden einen Menschen für die Wahrheit totschlagen könnten, ohne einen Mord auf ihr Gewissen zu laden, auf Grund ihrer Unwissenheit: er, der Totgeschlagene, muß es ja nach seinem Begriff trotzdem für einen Mord ansehn. Ob es vielleicht, wenn die Ewigkeit einmal zwischen ihnen richtet, zum Freispruch auf Grund von Unwissenheit kommt: er muß ja nach seinem Begriff von dem, was Wahrheit ist, seinen Tod für einen Mord ansehn. Aber so behält er ja die Voraussetzung trotzdem, denn *seine* Verantwortung muß er ja haben im Verhältnis zu *seinem* Begriff von der Wahrheit. Es kann in seiner Sorge um seine Verantwortung ihm nur wenig helfen, ob möglicherweise die nach seinem Begriff eines Mordes Schuldigen nach ihrem Begriff unschuldig sind, ungeachtet der Tatsache, daß sie es sind, die ihn totschlagen. Er soll ja in seiner Verantwortung Gott Rechenschaft ablegen nach dem, was er versteht, also dafür, daß er zuließ, an etwas schuldig zu werden, was er selbst als Mord versteht.

Das will sagen, wenn das, was sie, die schuldig werden, unschuldig machen soll, darin besteht, daß sie ihn mit dem besten Willen unmöglich verstehen können, so wird die Verantwortung nur um so größer, sie eines Mordes schuldig werden zu lassen; und es ist fast so, als wäre sein Selbstmord der einzige Ausweg, um die Kollision zu vermeiden. Wäre es nicht ungeheuer grausam, einfältige Menschen daran schuldig werden zu lassen, einen totzuschlagen, weil sie ihn nicht verstehen konnten, so daß sie sogar vermeinten, recht zu tun?

Aber wenn es sich nun so verhielte, weil sie ihn nicht verstehen *wollten*? Ja dies habe ich mir einmal beantwortet: Darf ein *Mensch* sich so rein fühlen, daß er sie im Verhältnis zu sich Sünder nennen darf, anstatt daß er ja, wie sie, vor Gott ein Sünder ist? Aber darf er das nicht, dann darf er sie ja auch nicht daran schuldig werden lassen, ihn für die Wahrheit totzuschlagen.

Also, darf sich ein Mensch für die Wahrheit totschlagen lassen?

C

1. Unter den vielen Lächerlichkeiten in diesen törichten Zeiten ist diese doch vielleicht das Lächerlichste, diese Äußerung, die ich oft genug gelesen habe, als Weisheit niedergeschrieben und als treffend bewundert hörte: daß man in unserer Zeit nicht einmal Märtyrer werden könnte, daß unsere Zeit nicht einmal die Kraft dazu habe, einen totzuschlagen. Sie irren sich! Es ist nicht die Zeit, welche die Kraft haben soll, einen totzuschlagen oder ihn zum Märtyrer zu machen; es ist der Märtyrer, der werdende Märtyrer, der die Kraft haben soll, der Zeit Leidenschaft zu geben, hier die Leidenschaft der Erbitterung, um ihn totzuschlagen. Dies ist das Verhältnis und zugleich die Überlegenheit, ohne welche keiner, in der Idee gesehen, eigentlich Märtyrer war, selbst wenn er das Leben opferte oder, genauer, es so weit brachte, totgeschlagen zu werden. Die wahre Überlegenheit arbeitet immer auf zwei Seiten, bringt selbst die Kraftäußerung hervor, die sie totschlägt. Wenn also ein Bußprediger totgeschlagen werden soll, so ist es nicht die Zeit, die durch ihre eigene Kraft ihn totschlägt, er selber gibt, indem er strafend nachdrücklich zuschlägt, der Zeit die Leidenschaft, zurückzuschlagen. Laß es die schläfrigste Zeit sein: ein solcher Kerl wird sie rasch leidenschaftlich machen. Aber ein solcher Bußprediger würde freilich eine Seltenheit in einer Zeit sein, wo das eine wie's andre ist. Wie wenn ein Schüler, der Schläge bekommen soll, ohne daß es der Lehrer merkt, ein Tuch unter sein Wams bringt, so daß er die Prügel nicht spürt: so ist ein Bußprediger heutzutage — aus guten Gründen der Gemeinde behilflich, eine andere Gestalt zu unterschieben, die nun abgestraft wird — zur Erbauung, zur Zufriedenheit und zum Vergnügen der Gemeinde. Aus guten Gründen; denn in jenem Fall mit dem Schüler ist keine Gefahr damit verbunden, der Lehrer zu sein, der schlagen soll. Aber in Wahrheit ein Bußprediger zu sein (ja hier schlägt der Begriff um!) bedeutet nicht so sehr zu schlagen als geschlagen zu werden, oder sie zu schlagen, daß man geschlagen wird; je mehr Prügel der Bußprediger be-

kommt, desto tüchtiger ist er. Deshalb wagt man nicht, der wahre Bußprediger zu sein, oder deshalb wagt der Sogenannte nicht, wirklich zuzuschlagen, weil er ganz gut weiß und nur allzugut versteht, daß es keine Kinder sind, die er vor sich hat, sondern daß die andern, die er schlagen soll, bei weitem die Stärksten sind, die *wirklich* zurückschlagen, vielleicht ihn totschlagen; denn, der große Bußprediger zu sein, heißt totgeschlagen werden. Der sogenannte Bußprediger dagegen schlägt auf die Kanzel und ficht in der Luft, was freilich der Zeit nicht die Leidenschaft gibt, ihn totzuschlagen. Auf diese Weise erreicht er seinen lächerlichen Zweck, das lächerlichste aller Ungetüme zu sein: ein Bußprediger, der geehrt und angesehen ist und mit Akklamation begrüßt wird.

2. Wenn ein Mensch Psychologe ist und Mut dazu hat, das Mittel zu gebrauchen, so ist nichts leichter, als einem andern Menschen die Kräfte zu geben, zum mindesten die der Erbitterung. Von wie vielen unter Sokrates' Zeitgenossen galt es doch, daß sie, wie er erzählt, so erbittert werden konnten, daß sie ihn ordentlich beißen wollten, sooft er ihnen — eine Dummheit wegnahm. Selbst dem albernsten Frauenzimmer kann man die Kräfte der Erbitterung geben, daß sie einen gerne totschlüge. Und so kann man zu jeder Zeit Märtyrer werden, in der Bedeutung, daß man totgeschlagen wird; nichts ist in einem gewissen Sinn leichter, das läßt sich systematisch arrangieren. Aber das muß er, der totgeschlagen wird, können, er muß der Zeit die Kraft der Erbitterung geben können. Wenn ich deshalb einen Menschen sähe, der bislang seiner Zeit ganz unbekannt war, der mit der Versicherung hervorgestürzt käme, daß er sein Leben opfern wolle: so würde ich ruhig (denn ich bin gewohnt, mit solchen Denkern umzugehen, so daß ich niemals ruhiger als bei ihnen bin), ruhig, wie ein Wechsler ruhig die Stempel auf einer Banknote betrachtet, um zu sehen, ob sie echt ist — ich würde ihn ruhig kassieren. Ein solcher Mensch würde es nie dazu bringen, von seiner Zeit totgeschlagen zu werden, selbst wenn es im übrigen so wäre, daß er wirklich Mut hätte und willig wäre zu sterben. Er kennt nicht das Geheimnis; er meint offenbar, daß die Zeit als der Stärkere es tun soll, anstatt daß er der Zeit so überlegen sein sollte, daß er nicht leidend die

Zeit es aus sich selber tun läßt oder es bei ihr bestellt, sondern, frei, die Zeit zwingt, es zu tun. Die Juristen pflegen ja die Todesstrafe nicht anzuwenden, wenn einer aus Lebensekel sich den Tod wünscht; und so klug ist eine Zeit auch immer; was sollte sie für ein Vergnügen daran empfinden, ihn totzuschlagen!

3. Also ein solcher zwingt die Zeit nicht, ihn totzuschlagen. Nein, willst du das, so mußt du dich anders aufführen. Lerne zuerst deine Zeit genau kennen, im besonderen ihre Irrtümer, ihre Lust, ihr Trachten, was sie eigentlich möchte, wenn sie für sich selbst sorgen müßte! Bist du in dieser Hinsicht wohl unterrichtet, so sprich es aus, was dunkel in der Zeit lauert, begeistert, bereit, hinreißend, glühend. Dazu mußt du die Kräfte und die Voraussetzungen haben. Was geschieht, ja ganz einfach, es geschieht, daß die Zeit sich in deine Äußerungen vernarrt — du wirst die Bewunderung der Zeit. Das ist der erste Schritt, um totgeschlagen zu werden; nun gilt es umzuschwenken, genauso entscheidend, genauso abstoßend, und du sollst sehen, die Zeit bekommt Leidenschaft, sie wird auch bald in Flammen stehen. — Soll einer zum Märtyrer werden können, muß er zuallererst die Bewunderung der Zeit gewesen sein, anders reißt er die Zeit nicht mit sich; er muß so gestellt gewesen sein, daß er es in seiner Macht gehabt hat, sich in Bewunderung zu baden — aber er hat abgelehnt. Zurückgewiesene Bewunderung ist im selben Augenblick absolute Leidenschaft in der Erbitterung. Wenn ein Mann, den seine Zeit vergöttern wollte — stolz — oder gar gottesfürchtig und aufrichtig es zurückweist: so wird das sein Tod. — Indem man die dialektischen Verhältnisse berechnet, kann man das Ganze ganz einfach bestimmen. „Das Opfer" muß dialektisch sich so zur Zeit verhalten: es muß sein können, was die Zeit im Sinne des Augenblicks verlangt, *die Forderung der Zeit;* wenn es seine Mission verfälscht, ist es eo ipso der Abgott der Zeit. In Wahrheit verstanden, ist es dagegen, *was die Zeit braucht* im Sinne der Ewigkeit. Bleibt er sich selbst darin treu, es zu sein, so ist er eo ipso dem Tode geweiht. Er muß sich so zur Zeit verhalten, daß er die ganze Zeit aus den Angeln heben kann, sie hinreißen, während sie ihm Beifall zujubelt: Keiner, keiner kann so um sie werben, so sicher ihrer Liebe sein. Und gerade wie er sie gewonnen hat, muß

er mit noch größerer Kraft sie abstoßen, damit das Unwahre nicht entstehe, daß er ein Produkt der Zeit werde. Denn das ist es, was die Zeit will, sie will sich selbst bewundern, indem sie ihn bewundert. Aber seine Aufgabe ist, die Zeit verstehen zu lassen, daß die Wahrheit nicht die Erfindung der Zeit ist.

4. Dies kann ich sehr leicht einsehen. Ich kann auch einsehen, daß hier in dieser Richtung die erschreckende Gefahr liegt, daß so etwas bis zu einem gewissen Grad ja auch dämonisch sich nachmachen lassen, eine furchtbar ausspekulierte Widersetzlichkeit eines Menschen sein könnte, der sich vermäße, mit einer ganzen Zeit spielen zu wollen, und noch dazu das gräßliche Spiel, totgeschlagen zu werden; nur um so furchtbarer, wenn er höhnisch sich und ihnen vorzugaukeln suchte, daß es für die Wahrheit geschehe. Aber ich kann auch sehen, daß es im strengsten Sinne die Wahrheit sein und im Dienste der Wahrheit stehen kann, daß so gehandelt wird.

Also, das läßt sich tun. Aber nun kommt die Frage: Darf ein *Mensch* sich für die Wahrheit totschlagen lassen?

D

Die Beantwortung der Frage wird davon abhängen, worin das Verhältnis zwischen Mensch und Mensch in Relation zur Wahrheit besteht; alles dreht sich um dies: Welche Heterogenität kann im Verhältnis zur Wahrheit zwischen Mensch und Mensch herrschen, wie heterogen kann in dieser Hinsicht der eine Mensch von dem andern sein? Doch muß hier zuerst auf eine Schwierigkeit hingewiesen werden. Je geringer die Heterogenität angenommen wird, um so näher liegt ja die Möglichkeit, daß die Streitenden eigentlich einander verstehen könnten. Aber läge dann nicht wiederum die Redewendung um so näher, von den andern zu sagen: Sie wollen mich nicht verstehen, sie könnten schon? Und doch ist, wie gezeigt wurde (vgl. B 9. 10. 11. 12.), dies gerade der höchste Ausdruck für die Heterogenität im Verhältnis zu andern, was deshalb eigentlich nur Gott sagen kann: Sie wollen nicht, es ist Gottlosigkeit. Merkwürdig! Doch sollte es nicht auch eine andere Redewendung geben? Wenn die Heterogenität nicht größer ist, als hier angenommen wird, so ist es Verhärtung von mir, so starr auf meinem Standpunkt zu bestehn.

Also, welcher Art ist die Heterogenität? Kann ein *Mensch* berechtigt sein, eine Zeit als böse zu betrachten, oder ist ein

Mensch gerade als Mensch nicht so relativ im Verhältnis zu andern Menschen, daß höchstens von ihrer Schwachheit oder Mittelmäßigkeit die Rede sein kann?

Also: entweder etwas nachgeben, oder andre eines Mordes schuldig werden lassen. Welche Schuld ist größer? *In dem einen Fall bestände die Schuld darin*, daß ein Mensch, indem er ein wenig nachgäbe, das Wahre, das er verstanden hat, etwas modifizierte oder akkommodierte. Falls es nun einem Menschen möglich wäre, im absoluten Besitze der Wahrheit zu sein, so würde dieses absolut unverantwortlich, eine unendliche Schuld sein; denn der, welcher die Wahrheit ist, kann nicht das mindeste nachgeben. Aber in dieser Lage ist doch wohl kein Mensch, am allerwenigsten im Verhältnis zu andern Menschen. Jeder Mensch ist selbst ein Sünder. Er verhält sich also nicht als Reiner zu Sündern, sondern als Sünder zu Sündern; denn dies ist aller Menschen gemeinsames Grundverhältnis zu Christus. Hier sind sie also quitt. Innerhalb der Gleichheit dieses Grundverhältnisses ist er also von den andern nur dadurch verschieden, daß er die Wahrheit etwas wahrer verstanden hat oder sie etwas innerlicher besitzt. — *Im andern Fall ist die Schuld die*, andere eines Mordes schuldig werden zu lassen. Welche Schuld ist nun größer? Es ist und bleibt doch der stärkste Ausdruck für absolute Überlegenheit über andere: sie schuldig werden zu lassen an eines andern Tod — für die Wahrheit. Dies heißt nämlich nicht bloß erklären, daß sie im Verhältnis zu diesem Einen Schwache, Verblendete, Irrende, Mittelmäßige, sondern daß sie im Verhältnis zu diesem Einen Sünder sind. Die meisten sind wahrscheinlich mit mir nicht einig darin, worauf es hier ankommt. Sie meinen vielleicht, daß im Verhältnis zum Besitz der Wahrheit diese Heterogenität die größte Prätention sei: zu meinen, die Wahrheit zu besitzen und dann einen Menschen totschlagen zu wollen, um, wenn möglich, ihn zu zwingen, die Wahrheit anzunehmen. Nein, eine noch größere Prätention ist die: zu meinen, so im Besitze der Wahrheit zu sein, daß man für die Wahrheit totgeschlagen wird, daß man andere daran schuldig werden läßt, einen für die Wahrheit totzuschlagen.

2. Ich meine also, daß sich ein *Mensch* für die Wahrheit nicht totschlagen lassen darf. Und doch, doch, dieses Resultat,

es macht mich so wehmütig. Es ist so wehmütig, sich gleichsam von einer Erinnerung, die niemals wiederkehren soll, sich von dem Gedanken zu trennen, daß ein Mensch in dem Grade eine Überzeugung haben könnte, daß es ihm natürlich fiele und daß er es dann auch wagen dürfte, sich für sie totschlagen zu lassen, es wagte, was ja der Drang der Überzeugung ist, darauf zu zeigen, mit einer Geste, die der Stärke der Überzeugung entspricht. Und dieses Resultat hat für mich etwas Trostloses. Stumpfer und stumpfer wird ja die Menschheit, weil sie immer verstandesmäßiger wird; geschäftiger und geschäftiger wird sie, weil sie immer weltlicher wird; das Absolute kommt mehr und mehr außer Brauch; die Erweckung wird immer mehr not tun. Aber woher soll die Erweckung kommen, wenn man das einzige wahre Erweckungsmittel nicht anwenden darf: sich für die Wahrheit totschlagen zu lassen, nicht in blindem Vorwärtsstürmen, sondern diesen Schritt mit ruhigerer Besonnenheit berechnend, als je ein Geldmann den Status der Marktkonjunkturen berechnet. Oh, ist aber nicht doch ein *absoluter* Unterschied zwischen Stumpfheit, Geistlosigkeit — und Eifer, Begeisterung! Doch nein, ich meine, daß ein *Mensch* es nicht darf.

3. Im übrigen ist es, psychologisch-dialektisch, merkwürdig genug, daß es gar nicht undenkbar wäre, daß ein Mensch totgeschlagen werden könnte, gerade weil er diese Anschauung verföchte, daß sich ein Mann für die Wahrheit nicht totschlagen lassen darf. Wenn er etwa gleichzeitig mit einem Tyrannen lebte (dieser sei nun ein einzelner oder die Masse), so würde der Tyrann ihn vielleicht mißverstehen und es als eine Satire über ihn betrachten und so aufgebracht werden, daß er ihn totschlüge, ihn, der doch gerade die Anschauung verfocht, daß ein Mensch sich nicht für die Wahrheit totschlagen lassen dürfe.

E

1. Aber hat das Christentum in Hinblick auf mein Problem (ob sich ein *Mensch* für die Wahrheit totschlagen lassen dürfe) dies Verhältnis nicht wesentlich verändert? Denn mit *Christus* ist es, wie gesagt, ein für allemal etwas anderes. Er war kein *Mensch*, er war die Wahrheit, er konnte deshalb nicht anders, als die sündige Welt an seinem Tode schuldig werden lassen. Nun aber das abgeleitete Verhältnis zu Christus: Wenn

einer Christ ist und zu Heiden sich verhält, ist er dann nicht im Verhältnis zu ihnen in absoluter Wahrheit? Und ist ein Mensch im Verhältnis zu andern so gestellt, daß er in Wahrheit behaupten darf, die absolute Wahrheit zu haben, so ist er im Recht, wenn er sich für die Wahrheit totschlagen läßt. Der Unterschied zwischen ihnen ist der absolute, und totgeschlagen werden ist ja eben der absolute Ausdruck für den absoluten Unterschied.

In meinen Gedanken läßt sich dies nicht leugnen. Meine Theorie würde sonst auch in die Verlegenheit kommen, die Apostel und alle die, welche in der gleichen Lage waren, verurteilen zu müssen. Und das würde ein großer Irrtum sein. Es ist eigentlich das Christentum, das, gerade weil es die Wahrheit ist, es erfunden hat, für die Wahrheit sich totschlagen zu lassen, da das Christentum, indem es Wahrheit ist, den unendlichen Abstand zwischen Wahrheit und Unwahrheit entdeckte. Ja es kann wahrhaftig nur im Verhältnis zwischen Christentum und Nicht-Christentum geschehen, für die Wahrheit totgeschlagen zu werden. Sokrates wird deshalb gewiß behaupten, daß er im strengsten Sinne — für die Wahrheit totgeschlagen worden sei. Als Ironiker, konsequent bis zum äußersten, ward er totgeschlagen für seine Unwissenheit, in welcher dann freilich in Relation zur Gräzität große Wahrheit lag, die aber doch nicht *die* Wahrheit war.

2. Aber im Verhältnis zwischen Christ und Christ gilt meine Theorie wieder. Ich darf als Christ im Verhältnis zu andern Christen mich nicht vermessen, in dem Grade im Besitze der Wahrheit zu sein, ich darf im Gegensatz zu ihnen nicht behaupten, im absoluten Besitze der Wahrheit zu sein (und im Verhältnis zu Heiden besteht die Prätention, im Besitze der absoluten Wahrheit zu sein): ergo darf ich auch nicht den absoluten Ausdruck gebrauchen, um im Gegensatz zu ihnen eine absolute Pflicht gegen die Wahrheit zu haben, ich darf sie nicht daran schuldig werden lassen, mich totzuschlagen. Im Verhältnis zwischen Christ und Christ kann wie im Verhältnis zwischen Mensch und Mensch nur relativer Unterschied herrschen. Ein Christ dürfte sie deshalb schuldig werden lassen, ihn auszulachen, zu verspotten, zu verhöhnen. Wohl ist auch das eine Schuld, sie daran schuldig werden zu lassen, aber so weit kann er relativ vor ihnen die Pflicht der

Wahrheit gegenüber haben, das heißt: so weit kann er ihnen an Einsicht in die Wahrheit überlegen sein. Und so kann es eine heilsame Erweckung sein; aber es kommt nicht so weit, daß ein Verbrechen begangen wird, das unmöglich wieder gutzumachen ist. Sollte es dagegen in der Christenheit erlaubt sein, sich für die Wahrheit totschlagen zu lassen, so müßte zuerst das gegeben sein, daß die sogenannte Christenheit überhaupt nicht christlich ist, daß sie gerade als „Geistlosigkeit" weit heidnischer ist als das Heidentum war. Der, welcher Menschen gegenüber, die sich selbst für Christen ausgeben, nicht leugnen darf, daß sie es sind (und darf das irgendein Mensch, gehört dazu nicht, was nur der Allwissende hat, die Kenntnis des menschlichen Herzens?), er darf sich auch nicht totschlagen lassen oder die andern daran schuldig werden lassen, ihn totzuschlagen.

3. Für die meisten würde freilich, was ich hier schreibe, selbst wenn ich es ihnen auch vorlegte, wie ungeschrieben sein, einfach nicht dasein. Ihr Denken endet, wie gezeigt wurde, gerade dort, wo das meinige beginnt.

4. Das einfachste und natürlichste Verhältnis zwischen Mensch und Mensch, in Relation zur Wahrheit, ist dies, daß (numerisch gesprochen) „der Einzelne" annimmt, „die Andern" besäßen die Wahrheit mehr als er. Darum ordnet er sich ihnen unter, bildet seine Meinung der ihren entsprechend um, betrachtet ihre Zustimmung als Kriterium der Wahrheit.

Sokratisch bereits, und noch mehr nach der Lehre des Christentums, ist die Wahrheit in der Minorität, gerade „die Vielen" sind das Kriterium der Unwahrheit, gerade das Siegende ist der Spitzel, der die Gegenwart der Unwahrheit verrät. Aber wenn die Wahrheit in der Minorität ist, so müssen die Kennzeichen dafür, daß einer in der Wahrheit ist, polemisch werden, sich umkehren: nicht der Jubel und der Beifall sind das Kennzeichen, sondern die Mißachtung. Doch in Relation zu andern Menschen oder als Christ zu andern Christen darf kein einzelner Mensch oder kein einzelner Christ meinen, absolut im Besitz der Wahrheit zu sein: ergo darf er andere nicht daran schuldig werden lassen, ihn für die Wahrheit totzuschlagen. Mit andern Worten, tut er das, so geschieht es eigentlich nicht für *die Wahrheit*, es ist im Gegenteil etwas *Unwahres* darin.

Das Unwahre liegt nämlich darin, daß der also Streitende sich bloß polemisch zu den andern verhält, nur an sich selbst denkt, nicht liebend ihre Sache bedenkt. Aber so ist er sehr weit davon entfernt, ihnen wirklich überlegen oder an Wahrheit überlegen zu sein; denn Überlegenheit heißt gerade, der Verteidiger seines Feindes sein, und als solcher besorgt sein und mit mehr Einsicht als er darüber wachen, daß er nicht unwahr schuldiger wird, als er es verdient. Oh, es sieht für die vermeintlich Starken so bequem aus, einen Menschen totzuschlagen, als könnten sie es selbstverständlich tun: Ach, der, welcher eine Vorstellung von der Schuld hat, einen Unschuldigen totzuschlagen, der wird wahrlich sich selbst prüfen, ehe er erlaubt, daß einer so schuldig wird. In dieser Selbstprüfung wird er verstehen, daß er es nicht darf. Die Liebe also wird ihn daran hindern. Es ist die Liebe, die in ihrer göttlichen Vollkommenheit in dem war, der, als die Wahrheit, absolut ausdrücken mußte, daß er sie war, und deshalb die gottlose Welt so schuldig werden ließ — diese Liebe in ihm betete für seine Feinde. Den Tod verhindern konnte er nicht, er war ja auch deshalb in die Welt gekommen. Aber als er sich opferte aus Liebe, da hat er auch (und darum wieder nennt man ihn „das Opfer") liebend die Sache seiner Feinde bedacht. Dies ist die Einheit von „Wahrheit" und „Liebe".

Dies sind, wie gesagt, „jenes Mannes viele Gedanken in einem kurzen Inbegriff". Da das ganze Dichtung ist, „dichterischer Versuch", aber wohlgemerkt von einem Denker, so wird der denkende Leser es in der Ordnung finden, daß ich nichts über die Person jenes Mannes sage; denn gerade weil es Dichtung ist, kann ich ebensogut das eine sagen wie das andere, sagen, was ich gerade will. Auch in anderer Hinsicht kann ich ja, da das Ganze Dichtung ist, sagen, was ich will: sein Leben betreffend, wie es ihm erging, was er in der Welt wurde usw. usw. usw. — Aber gerade weil ich so, qua Dichter, die Dichter-Machtvollkommenheit habe, zu sagen, was immer ich will: so will ich über alle diese Dinge nichts sagen, um nicht, indem ich vom Novellistischen rede, vielleicht dazu beitrage, die Aufmerksamkeit des Lesers vom Wesentlichen abzulenken: dem Gedanken-Inhalt.

ÜBER DEN UNTERSCHIED ZWISCHEN
EINEM GENIE UND EINEM APOSTEL

Was hat die irre gewordene* Exegese und Spekulation getan, um das Christliche zu verwirren, oder wodurch hat sie das Christliche verwirrt? Ganz kurz und kategorisch genau folgendes: sie hat die Sphäre des Paradox-Religiösen in das Ästhetische zurückversetzt und dadurch bewirkt, daß jeder christliche Terminus, der eine qualitative Kategorie ist, wenn er in seiner Sphäre bleibt, nun in einem reduzierten Zustand als geistreicher Ausdruck in Gebrauch kommen und alles mögliche bedeuten kann. Wenn man aber die Sphäre des Paradox-Religiösen abschafft oder in das Ästhetische zurückerklärt, so wird ein Apostel allenfalls ein Genie, und dann gute Nacht Christentum. Geistreichelei und Geist, Offenbarung und Ursprünglichkeit, Berufung durch Gott und Genialität, ein Apostel und ein Genie: all das kommt und läuft dann ungefähr auf ein und dasselbe hinaus.

So hat eine in die Irre gegangene Wissenschaft das Christentum verwirrt, und aus der Wissenschaft hat sich wieder die Verwirrung in den religiösen Vortrag eingeschlichen, so daß man nicht selten Pfarrer hört, die in aller wissenschaftlichen Treuherzigkeit bona fide das Christentum prostituieren. Sie reden in den höchsten Tönen von dem geistigen Reichtum des Apostels Paulus, von seinem Tiefsinn, von seinen schönen Gleichnissen usw. — lauter Ästhetik. Soll Paulus als Genie betrachtet werden, so steht es schlecht um ihn; nur priesterliche Unwissenheit kann darauf verfallen, ihn ästhetisch anzupreisen, weil die priesterliche Unwissenheit keinen Maßstab hat, sondern so denkt: wenn man nur etwas Gutes über Paulus sagt, so ist es gut. Eine solche gutmütige

---

* Der Irrtum liegt übrigens nicht bloß auf seiten der Heterodoxie, sondern auch auf der der Hyperorthodoxie, und beides ist Gedankenlosigkeit.

und wohlmeinende Gedankenlosigkeit hat ihren Grund darin, daß der Betreffende nicht in der qualitativen Dialektik geschult ist, die ihn lehren würde, wie wenig einem Apostel damit gedient ist, etwas Gutes über ihn zu sagen, wenn es falsch ist, so daß er für etwas anerkannt und bewundert wird, was gleichgültig — und was er wesentlich nicht ist, während darüber vergessen wird, was er ist. Eine solche gedankenlose Beredsamkeit könnte ebensogut darauf verfallen, Paulus als Stilisten und Sprachkünstler zu feiern oder, noch besser, da ja bekannt ist, daß Paulus gleichzeitig ein Handwerk betrieb, zu behaupten, daß seine Arbeit als Zeltmacher von so vollendeter Meisterschaft gewesen sei, daß kein Handwerker weder früher noch später etwas so Vollkommenes habe machen können — denn wenn man bloß etwas Gutes über Paulus sagt, so ist schon alles gut. Als Genie kann Paulus den Vergleich weder mit Plato noch mit Shakespeare aushalten; als Verfasser schöner Gleichnisse steht er ziemlich tief unten; als Stilist hat er einen ganz obskuren Namen — und als Zeltmacher: ja da muß ich schon sagen, ich weiß nicht, wie hoch er in dieser Hinsicht in der Rangstufe steht. Sieh, man tut immer am besten daran, dumme Feierlichkeit in Scherz zu verwandeln, dann wird der Ernst sichtbar, der Ernst, daß Paulus Apostel ist; und als Apostel hat er wiederum keine, aber auch gar keine Verwandtschaft weder mit Plato noch mit Shakespeare, weder mit Stilisten, noch mit Handwerkern, sie sind alle (Plato ebensogut wie Shakespeare und wie Tapezierer Hansen) ohne irgendeine Vergleichsmöglichkeit mit ihm.

Genie und Apostel sind qualitativ voneinander verschiedene Bestimmungen, die jede in ihre qualitative Sphäre gehören: *der Immanenz und der Transzendenz:*

1) Das Genie kann wohl etwas Neues bringen, aber dieses verschwindet wieder in der allgemeinen Assimilation des Geschlechts, gleichwie die Differenz „Genie" verschwindet, sobald man die Ewigkeit denkt; der Apostel hat paradox etwas Neues zu bringen, dessen Neuheit, gerade weil sie wesentlich paradox und nicht eine Antizipation im Verhältnis zur Entwicklung des Geschlechts ist, beständig bleibt, so wie ein Apostel in alle Ewigkeit ein Apostel bleibt und keine Immanenz von Ewigkeit ihn wesentlich auf gleiche Ebene mit allen Menschen stellt, da er wesentlich paradox verschieden ist. 2) *Das Genie ist, was es ist, durch sich selbst, das heißt: durch das, was es in sich selbst ist; ein Apostel ist, was er ist, durch seine göttliche Autorität.* 3) *Das Genie hat nur immanente Teleologie; der Apostel ist absolut paradox teleologisch gestellt.*

1. Alles Denken vollzieht sich in der Immanenz, während das Paradoxe und der Glaube eine qualitative Sphäre für sich bilden. Immanent ist jede Differenz im Verhältnis zwischen Mensch und Mensch qua Mensch, ein für das wesentliche und ewige Denken Verschwindendes, nur ein Moment, das momentan wohl seine Gültigkeit hat, aber wesentlich in der wesentlichen Gleichheit der Ewigkeit. Genie ist, wie das Wort selbst sagt (ingenium, das Mitgeborene), Primitivität (primus), Originalität (origo), Ursprünglichkeit usw., die Unmittelbarkeit, die Naturbestimmung, das Genie wird *geboren*. Bereits lange bevor die Rede davon sein kann, wie weit das Genie nun seine seltene Begabung auf Gott beziehen will oder nicht, ist es Genie und bleibt Genie, selbst wenn es das nicht tut. Mit dem Genie kann die Veränderung vorgehen, daß es sich zu dem entwickelt, was es κατὰ δύναμιν ist, daß es in den bewußten Besitz seiner selbst kommt. Insoweit man, um das Neue zu bezeichnen, das ein Genie hervorzubringen vermag, den Ausdruck „Paradox" gebraucht, wird er doch nur im unwesentlichen Sinn gebraucht von dem transitorischen Paradox, von der Antizipation, die sich zu etwas Paradoxem verdichtet, um dann doch wieder zu verschwinden. Ein Genie kann in seinen ersten Äußerungen paradox sein, aber je mehr es zu sich selber kommt, um so mehr verschwindet das Paradoxe. Ein Genie kann vielleicht um ein Jahrhundert seiner Zeit voraus sein und darum wie ein Paradox dastehen, aber zuletzt wird das Geschlecht doch das einmalig Paradoxe so assimilieren, daß es nicht mehr paradox ist.

Anders mit einem Apostel. Das Wort selbst deutet auf den Unterschied. Ein Apostel wird nicht geboren; ein Apostel ist ein Mann, der von Gott berufen und bestellt wird, von ihm mit einem Auftrag ausgesandt wird. Ein Apostel entwickelt sich nicht, so daß er sukzessive wird, was er κατὰ δύναμιν ist. Denn dem Werden eines Apostels geht keine potentielle

Möglichkeit voraus; jeder Mensch ist wesentlich gleich nahe daran, es zu werden. Ein Apostel kann niemals so zu sich selbst kommen, daß er sich seiner Apostelberufung als eines Moments seiner eigenen Lebensentwicklung bewußt wird. Die Apostelberufung ist ein paradoxes Faktum, das im ersten und letzten Augenblick des Lebens paradox außerhalb der persönlichen Identität des Apostels mit sich selbst steht, als dem Bestimmten, der er ist. Ein Mann ist vielleicht schon längst in die Jahre der Reife gekommen, da wird er zum Apostel berufen. Er wird durch diese Berufung kein besserer Kopf, er empfängt nicht mehr Phantasie, nicht größeren Scharfsinn usw., keineswegs, er bleibt er selbst, aber er wird durch das paradoxe Faktum von Gott mit einem bestimmten Auftrag ausgesandt. Durch dieses paradoxe Faktum erscheint der Apostel in alle Ewigkeit paradox verschieden von allen anderen Menschen. Das Neue, das er zu verkünden hat, ist das wesentlich Paradoxe. Wie lange es auch in der Welt verkündigt wird, es bleibt wesentlich gleich neu, gleich paradox, keine Immanenz kann es assimilieren. Der Apostel verhielt sich ja nicht wie der durch Naturbegabung ausgezeichnete Mensch, der seiner Zeit voraus war, vielleicht war er das, was wir einen einfältigen Menschen nennen, aber durch ein paradoxes Faktum wurde der berufen, dieses Neue zu verkünden. Selbst wenn das Denken meinen sollte, die Lehre assimilieren zu können; die Weise, auf welche die Lehre in die Welt kam, läßt sich nicht assimilieren; denn das wesentliche Paradox ist gerade der Protest gegen die Immanenz. Aber die Weise, wodurch eine solche Lehre in die Welt kam, ist jetzt gerade das qualitativ Entscheidende, das nur durch Betrug oder Gedankenlosigkeit übersehen werden kann.

2. Ein Genie wird rein ästhetisch nach dem Maßstab seines Inhalts und seines spezifischen Gewichts eingeschätzt, ein Apostel ist, was er ist, dadurch, daß er göttliche Autorität hat. *Die göttliche Autorität ist das qualitativ Entscheidende.* Nicht durch ästhetische oder philosophische Würdigung des Inhalts der Lehre soll ich oder kann ich zu dem Resultat kommen: ergo ist der, welcher diese Lehre vorgetragen hat, durch eine Offenbarung berufen, ergo ist er ein Apostel. Das Verhältnis ist genau umgekehrt: Der durch eine Offenbarung

Berufene, dem eine Lehre anvertraut wird, argumentiert daraus, daß es eine Offenbarung ist, daraus, daß er Autorität hat. Ich soll nicht auf Paulus hören, weil er geistreich oder sogar außergewöhnlich geistreich ist, sondern ich soll mich unter Paulus beugen, weil er göttliche Autorität hat; und in jedem Fall muß es Pauli Verantwortung bleiben, daß er dafür sorgt, daß er diesen Eindruck hervorbringt, ob sich nun einer unter seine Autorität beugen will oder nicht. Paulus soll sich nicht auf den Reichtum seines Geistes berufen, denn dann wäre er ein Narr; er soll sich nicht auf eine rein ästhetische oder philosophische Diskussion des Inhalts seiner Lehre einlassen, denn dann ist er zerstreut. Nein, er soll sich auf seine göttliche Autorität berufen und gerade durch sie, während er willig Leben und alles opfert, alle naseweise ästhetische und philosophische Aufdringlichkeit gegen Inhalt und Form der Lehre *verhindern*. Paulus soll nicht sich und seine Lehre mit Hilfe von schönen Bildern anpreisen, umgekehrt sollte er wohl zu dem Einzelnen sagen: „Mag nun das Gleichnis schön oder verschlissen oder abgedankt sein, das gilt gleich viel, du sollst bedenken, daß das, was ich sage, mir anvertraut ist durch eine Offenbarung, so daß es Gott selbst ist oder der Herr Jesus Christus, der redet; und du sollst dich nicht vermessen darauf einlassen, die Form zu kritisieren. Ich kann nicht, ich darf dich nicht zwingen zu gehorchen, aber ich mache dich in der Bindung deines Gewissens an Gott ewig für dein Verhältnis zu dieser Lehre dadurch verantwortlich, daß ich sie verkündigt habe, als mir geoffenbart und also verkündigt mit göttlicher Autorität."

Die Autorität ist das qualitativ Entscheidende. Oder ist nicht schon ein Unterschied innerhalb der Relativität des menschlichen Lebens, wenn er auch immanent verschwindet, zwischen dem Befehl eines Königs und dem Wort eines Dichters oder Denkers? Und was ist der Unterschied, wenn nicht dieser, daß der Befehl des Königs Autorität hat, und deshalb alle ästhetische und kritische Naseweisheit in Hinsicht auf Form und Inhalt verbietet. Der Dichter, der Denker dagegen, hat, nicht einmal innerhalb dieser Relativität, irgendeine Autorität, ihre Aussagen werden rein ästhetisch oder philosophisch gewürdigt, indem man Inhalt und Form würdigt. Aber was hat wohl von Grund aus das Christliche verwirrt, wenn nicht dies, daß man im Zweifel so nahezu ungewiß geworden ist, ob ein Gott da ist, und dann, daß man im Aufruhr gegen alle Autoritäten vergessen hat, was Autorität ist und ihre Dialektik. Ein König ist so sinnenhaft da, daß man sich davon überzeugen kann, und, wenn nötig, kann da vielleicht der König recht spürbar einen davon überzeugen, daß er es ist. Aber so ist Gott nicht da. Dies hat der Zweifel benützt, um Gott auf gleiche Stufe mit all denen zu bringen, die keine Autorität haben, auf gleiche Stufe mit Genies, Dichtern und Denkern, deren Aussagen schlecht und recht bloß ästhetisch oder philosophisch gewürdigt werden; und wenn es sogar gut gesagt wurde, so ist der Mann ein Genie — und wenn es ungemein und ganz besonders gut gesagt wurde, so, ja so ist er Gott, der es gesagt hat!!!

Auf diese Weise wird Gott eigentlich hinauspraktiziert. Was soll er machen? Hält Gott einen Menschen auf seinem Wege an, beruft er ihn durch eine Offenbarung, und sendet er ihn ausgerüstet mit göttlicher Autorität zu den übrigen Menschen, so sagen diese zu ihm: Von wem kommst du? Er antwortet: Von Gott. Aber siehe, Gott kann nun nicht auf eine so sinnenhafte Weise seinem Abgesandten helfen, wie es ein König kann, der ihm Soldaten gibt oder Polizisten oder ein Siegel oder seine Unterschrift, die alle kennen, kurz, Gott kann den Menschen nicht damit zu Diensten sein, daß er ihnen eine *sinnenfällige* Gewißheit dafür schafft, daß ein Apostel ein Apostel ist — dies wäre ja auch Nonsens. Selbst das Wunder, wenn der Apostel diese Gabe hat, gibt keine *sinnenfällige* Gewißheit; denn das Wunder ist Gegenstand des Glaubens. Und außerdem ist es ja ein Nonsens, *sinnenfällige* Gewißheit davon zu erhalten, daß ein Apostel ein Apostel ist (die paradoxe Bestimmung eines geistigen Verhältnisses), gleich wie es ein Nonsens ist, sinnenfällige Gewißheit darüber zu bekommen, daß Gott da ist, da ja Gott Geist ist.

Der Apostel sagt also, daß er von Gott ist. Die andern antworten: Ja, gut, so laß uns sehen, ob der Inhalt deiner Lehre göttlich ist, denn dann wollen wir sie annehmen, samt dem daß sie dir geoffenbart ist. Auf diese Weise werden sowohl Gott wie der Apostel zum Narren gehalten. Des Berufenen göttliche Autorität sollte gerade der feste Schutz sein, der die Lehre sichert und sie im majestätischen Abstand des Göttlichen von allen Naseweisheiten fernhält, statt dessen müssen Inhalt und Form der Lehre sich kritisieren und beschnüffeln lassen — damit man auf diesem Wege zu einem Resultate kommen kann, ob es nun eine Offenbarung ist oder nicht; und unterdessen müssen vermutlich Gott und der Apostel vor dem Tore warten oder in der Pförtnerwohnung, bis die Sache von den Weisen im ersten Stock entschieden wird. Der Berufene sollte nach Gottes Bestimmung seine göttliche Autorität gebrauchen, um alle Naseweisen davonzujagen, die nicht gehorchen, sondern räsonieren wollen; und statt dessen haben die Menschen in einem Zug den Apostel in einen Examinanden verwandelt, der wie auf dem Markt daherkommt, um seine neue Lehre anzupreisen. Was ist denn Autorität? Ist Autorität der Tiefsinn einer Lehre, ihre Vorzüglichkeit, ihr Geistesreichtum? Keineswegs! Wenn Autorität also bloß besagen sollte, in zweiter Potenz oder redupliziert, daß die Lehre tiefsinnig ist: so gibt es überhaupt keine Autorität; denn wenn ein Lernender ganz und vollkommen durch sein Verstehen diese Lehre sich aneignete, so bliebe ja kein Unterschied zwischen dem Lehrer und dem Lernenden. Autorität ist dagegen etwas, was unverändert bleibt, was man nicht erwerben kann dadurch, daß man die Lehre völlig verstanden hat. *Autorität ist eine spezifische Qualität, die von anderswoher hinzutritt und qualitativ sich gerade geltend macht, wenn der Inhalt der Aussage oder des Werkes ästhetisch in Indifferenz gesetzt wurde.* Wir wollen ein Beispiel nehmen, so einfach wie möglich, wodurch das Verhältnis klar wird. Wenn der, welcher die Autorität hat, etwas zu sagen, zu einem Menschen sagt: Geh! und wenn der, welcher nicht die Autorität hat, sagt: Geh!, so ist ja die Aussage (geh!) und ihr Inhalt identisch, ästhetisch beurteilt, ist es, wenn man so will, gleich gut ausgedrückt, aber die Autorität macht den Unterschied. Wenn die Autorität nicht das andere (τὸ ἕτερον) ist, wenn es auf irgendeine Weise bloß ein Potenzieren innerhalb der Identität bezeichnen soll, so gibt es eben keine Autorität. Wenn dergestalt ein Lehrer sich begeistert bewußt ist, daß er die Lehre, die er verkündigt, existierend ausdrückt und ausgedrückt hat, mit Aufopferung von allem: so kann dieses Bewußtsein ihm wohl Entschlußkraft geben, aber es gibt ihm keine Autorität. Sein Leben als Beweis für die Richtigkeit der Lehre ist nicht das andere (τὸ ἕτερον), sondern ist eine einfache Verdoppelung. Daß er nach seiner Lehre lebt, beweist nicht, daß sie richtig ist; sondern weil er selbst von der Richtigkeit der Lehre überzeugt ist, deshalb lebt er danach. Dagegen hat nun ein Polizeibeamter zum Beispiel, ob er ein Schlingel ist oder ein rechtschaffener Mann, sobald er im Amte ist, Autorität.

Um noch näher diesen für die paradox-religiöse Sphäre so wichtigen Begriff Autorität zu beleuchten, will ich die Dialektik der Autorität untersuchen. *In der Sphäre der Immanenz läßt sich die Autorität gar nicht denken, oder sie läßt sich nur als verschwindend denken.* Vielleicht geht es dem einen oder andern Leser hier, wie es mir geht, der ich aus Anlaß dieser Untersuchung der „Autorität" an Mag. Kierkegaards „Erbauliche Reden" denken muß, wo so stark betont und unterstrichen und wörtlich bei jeder Gelegenheit wiederholt wird: „Es sind keine *Predigten*, weil der Verfasser keine *Autorität* hat, zu predigen." Die Autorität ist eine spezifische Qualität entweder einer apostolischen Berufung oder der Ordination. Predigen heißt gerade Autorität gebrauchen; und daß dies predigen heißt, ist eben ganz und gar in unserer Zeit vergessen worden. — — —

Insoweit in den politischen, bürgerlichen, sozialen, häuslichen, disziplinären Verhältnissen die Rede von Autorität ist oder Autorität ausgeübt wird, ist die Autorität doch nur ein transitorisches Moment, ein Verschwindendes, das bereits entweder später in der Zeit verschwindet oder aber verschwindet, weil Zeit und Erdenleben selber ein transitorisches Moment darstellen, das in all seiner Differenzierung verschwindet. Zur Begründung für jedes Verhältnis zwischen Mensch und Mensch qua Mensch kann nur der Unterschied innerhalb der Identität der Immanenz gedacht werden, das heißt, die wesentliche Gleichheit. Der einzelne Mensch kann nicht als durch eine spezifische Qualität verschieden von allen andern gedacht werden (sonst hört alles Denken auf, wie das ganz konsequent in der Sphäre des Paradox-Religiösen und des Glaubens geschieht). Alle menschliche Differenz zwischen Mensch und Mensch qua Mensch verschwindet für das Denken als Moment im Totalen und in der Qualität der

Identität. Im Moment will ich bereit sein; die Differenz zu respektieren und ihr zu gehorchen; aber es ist mir erlaubt, religiös mich an der Gewißheit aufzurichten, daß die Differenz in der Ewigkeit verschwindet, die, welche mich auszeichnet, und die, welche mich niederdrückt. Als Untertan soll ich den König ehren und ihm gehorchen mit ungeteilter Seele, aber es ist mir erlaubt, mich religiös an dem Gedanken aufzurichten, daß ich wesentlich Bürger des Himmels bin und daß ich, wenn ich einmal dort mit der verstorbenen Majestät zusammentreffe, ihm nicht in untertänigem Gehorsam verpflichtet sein brauche.

Das also ist das Verhältnis zwischen und Mensch qua Mensch. *Aber zwischen Gott und Mensch ist ja ein ewiger, wesentlicher, qualitativer Unterschied*, den kein Denken, es sei denn ein vermessenes, in der Blasphemie verschwinden lassen darf, daß Gott und Mensch wohl im transitorischen Moment der Endlichkeit sich unterscheiden, so daß es für den Menschen hier in diesem Leben sich schickt, Gott zu gehorchen und ihn anzubeten, aber in der Ewigkeit der Unterschied in der wesentlichen Gleichheit verschwinden sollte, so daß Gott und der Mensch sich gleichen werden, wie der König und der Kammerdiener!

Zwischen Gott und Mensch ist und bleibt also ein ewiger, wesentlicher, qualitativer Unterschied. *Das paradox-religiöse Verhältnis* (welches sich ganz richtig nicht denken, sondern nur glauben läßt) *wird dann deutlich, wenn Gott einen einzelnen Menschen bestellt, göttliche Autorität zu haben*, wohl zu merken im Verhältns zu dem ihm von Gott Anvertrauten. Der also Berufene verhält sich nicht im Verhältnis: Mensch zu Mensch qua Mensch; er verhält sich nicht in einer qualitativen Differenz (als Genie, außerordentlich Begabter usw.) zu andern Menschen. Nein, er verhält sich paradox dadurch, daß er eine spezifische Qualität hat, die keine Immanenz in die Gleichheit der Ewigkeit zurückrufen kann; denn sie ist wesentlich paradox und *nach* dem Denken (nicht vorher, dem Denken vorhergehend) gegen das Denken. Hat ein also Berufener auf göttliches Geheiß eine Lehre zu bringen und, nehmen wir an, ein anderer Mensch aus sich selbst und durch sich selbst dasselbe herausgefunden: so werden diese beiden dennoch in alle Ewigkeit nicht gleich; denn der erste ist durch seine paradox spezifische Qualität (die göttliche Autorität) verschieden von jedem andern Menschen und von der allen anderen menschlichen Unterschieden immanent zugrunde liegenden Bestimmung wesentlicher Gleichheit. Die Bestimmung „ein Apostel" gehört in die Sphäre der Transzendenz, in die paradox-religiöse Sphäre, die, ganz konsequent, auch einen qualitativ verschiedenen Ausdruck für das Verhältnis anderer Menschen zu einem Apostel liefert: sie verhalten sich nämlich glaubend zu ihm, während alles Denken in der Immanenz verbleibt. Der Glaube dagegen ist nicht eine transitorische Bestimmung, sowenig wie die paradoxe Qualifikation des Apostels eine transitorische ist.

Im Verhältnis zwischen Mensch und Mensch qua Mensch ist also keine *ständige oder bleibende* Differenz der Autorität denkbar, sie ist ein Verschwindendes. Um der wesentlichen Betrachtung der Autorität willen wollen wir indessen einen Augenblick bei einigen Beispielen solcher sogenannten und unter den Bedingungen der Zeitlichkeit wahren Autoritätsverhältnisse zwischen Mensch und Mensch qua Mensch verweilen. Von einem König nimmt man an, daß er Autorität habe. Woher kommt es nun, daß man sich sogar daran stößt, wenn ein König geistreich ist, Künstler usw.? Es kommt doch wohl daher, daß man bei ihm wesentlich die königliche Autorität akzentuiert, und im Vergleich mit ihr allgemeinere Bestimmungen menschlicher Differenz für ein Verschwindendes, ein Unwesentliches, einen störenden Zufall hält. Von einer Regierungsstelle nimmt man an, daß sie in ihrem bestimmten Bereich Autorität habe. Woher kommt es nun, daß man sich daran stoßen würde, wenn eine solche Behörde in ihren Verordnungen wirklich geistreich, witzig, tiefsinnig wäre? Weil man ganz richtig qualitativ die Autorität akzentuiert. Fragen, ob ein König ein Genie sei — um in diesem Fall ihm gehorchen zu wollen, ist im Grunde Majestätsbeleidigung; denn diese Frage birgt einen Zweifel hinsichtlich der Unterwerfung unter die Autorität überhaupt. Einer Behörde gehorchen wollen, wenn sie Witze machen kann, heißt im Grunde, die Behörde zum Narren halten. Seinen Vater ehren, weil er ein ausgezeichneter Kopf ist, ist Mangel an Ehrfurcht. Doch, wie gesagt, im Verhältnis zwischen Mensch und

Mensch qua Mensch ist die Autorität, wenn sie auch da ist, ein Verschwindendes, und die Ewigkeit schafft alle irdische Autorität ab. Aber nun in der Sphäre der Transzendenz. Wir wollen ein Beispiel so einfach, aber gerade deshalb auch so augenfällig wie möglich nehmen. Wenn Christus sagt: „Es gibt ein ewiges Leben", und wenn der Kandidat der Theologie Petersen sagt: „Es gibt ein ewiges Leben": so sagen sie beide dasselbe, es ist in der ersten Aussage nicht mehr Deduktion, Entwicklung, Tiefsinn, Gedankenfülle enthalten als in der zweiten; beide Aussagen sind, ästhetisch beurteilt, gleich gut. Und doch gibt es da einen ewigen qualitativen Unterschied! Christus ist, als Gott-Mensch, im Besitz der spezifischen Qualität der Autorität, die keine Ewigkeit mediieren, wie keine Ewigkeit Christus auf gleiche Stufe mit der wesentlichen, menschlichen Gleichheit stellen kann. Christus lehrt deshalb mit Autorität. Zu fragen, ob Christus tiefsinnig sei, ist Blasphemie, und ist ein Versuch, ihn heimtückisch (es sei nun bewußt oder unbewußt) zu vernichten; denn in der Frage ist ein Zweifel an seiner Autorität enthalten, und ein Versuch gemacht, in naseweiser *Zudringlichkeit* ihn zu werten und zensieren zu wollen, als hätte er ein Examen abzulegen und sollte abgehört werden, anstatt daß er der ist, dem alle Macht gegeben ist im Himmel und auf Erden.

Doch selten, sehr selten hört oder liest man heutzutage einen religiösen Vortrag, der ganz korrekt ist. Die Bessern sogar pfuschen doch auch gern ein bißchen durch das, was man den unbewußten oder den wohlgemeinten Aufruhr nennen könnte, indem sie mit äußerster Kraft das Christliche verteidigen und behaupten — in falschen Kategorien! Ich will ein Beispiel nehmen, das erste beste. Ich nehme es lieber von einem Deutschen, dann weiß ich, daß keiner, nicht der Dümmste und der Giftigste, darauf verfallen kann, daß ich dies über eine Sache schreibe, die in meinem Denken unendlich wichtig ist — um auf den einen oder andern dänischen Pfarrer zu zielen. Bischof Sailer* predigt in einer Homilie für den fünften Fastensonntag über den Text Joh. 8, 47—51.

---

* Vgl. Evangelisches aus Joh. Michael Sailers religiösen Schriften, von Dr. A. Gebauer, Stuttgart 1846, S. 34, 35.

Er wählt diese beiden Verse: „Wer von Gott ist, hört Gottes Wort", und „Wer mein Wort hält, der sieht den Tod nicht" und sagt danach: „Es sind in diesen Worten des Herrn drei große Räthsel gelöst, mit denen sich die Menschen von jeher den Kopf so oder anders zerbrochen haben." Da haben wir's. Das Wort Räthsel und besonders drei große Räthsel, und dann im nächsten Satz, mit denen die Menschen den Kopf sich *zerbrochen* haben, führt sofort den Gedanken hin zu dem Tiefsinnigen im intellektuellen Sinn, das Sinnen, das Grübeln, das Spekulieren. Aber wie kann denn wohl eine simple apodiktische Aussage tiefsinnig sein? eine apodiktische Aussage, die, was sie ist, nur dadurch ist, daß der und der sie gesagt hat; eine Aussage, die überhaupt nicht verstanden oder ergründet, sondern bloß geglaubt werden will. Wie kann ein Mensch darauf verfallen, daß ein Räthsel gelöst sein sollte, im Sinne der Ergründung oder des ergründeten Tiefsinns, durch eine direkte Aussage, durch eine Behauptung? Die Frage ist ja: Gibt es ein ewiges Leben? Die Antwort: Es gibt ein ewiges Leben. Wo in aller Welt steckt nun das Tiefsinnige? Wenn Christus nicht Der ist, der es gesagt hat, oder, wenn Christus nicht Der ist, der zu sein er gesagt hat, so muß ja, so die Aussage in sich selbst tiefsinnig ist, das Tiefsinnige trotzdem zu finden sein. Nehmen wir den Kandidaten der Theologie Petersen, der ja auch sagt: Es gibt ein ewiges Leben. Wer in aller Welt würde wohl darauf verfallen, ihn auf Grund einer direkten Aussage des Tiefsinns zu beschuldigen? Das Entscheidende liegt also nicht in der Aussage, sondern darin, daß es Christus ist, der es gesagt hat; aber das Verwirrende ist, daß man, wie um die Menschen zum Glauben zu verlocken, von Tiefsinn und wiederum Tiefsinn redet. Ein christlicher Pfarrer muß, wenn er korrekt reden will, ganz einfach sagen: „Wir haben Christi Wort dafür, daß es ein ewiges Leben gibt"; damit ist die Sache entschieden. Hier ist weder die Rede vom Kopfzerbrechen noch vom Spekulieren, sondern davon, daß Christus es nicht in der Eigenschaft eines Tiefsinnigen, sondern mit seiner göttlichen Autorität gesagt hat. Wir wollen weitergehen, wir wollen annehmen, daß einer auf Christi Wort hin an ein ewiges Leben glaube, in diesem Fall glaubt er ja gerade ohne Bezugnahme auf all das Tiefsinnige, und das Grübeln und das Ergründen, „womit man sich den Kopf zerbricht". Nehmen wir dagegen einen, der tiefsinnig sich den Kopf mit der Frage der Unsterblichkeit zubrechen will: ob er nicht recht haben wird zu leugnen, daß die direkte Aussage eine tiefsinnige Antwort auf die Frage sei? Was Plato über die Unsterblichkeit sagt, ist wirklich tiefsinnig, gewonnen durch tiefes Nachdenken; aber der arme Plato hat ja keine Autorität.

Die Sache ist indessen die. Der Zweifel und der Aberglaube, die den Glauben eitel machen, haben unter anderm auch die Menschen scheu gemacht, zu gehorchen, sich der Autorität zu unterwerfen. Diese Aufsässigkeit schleicht sich selbst in den Gedankengang der Bessern ein, ihnen selbst vielleicht unbewußt, und so beginnt all das Geschraubte, das im Grunde Verrat ist, von dem Tiefen und Tiefen, von dem Wunder-Herrlichen, das man ahnen kann usw. Sollte man daher ein bestimmtes Prädikat für den christlich-religiösen Vortrag geben, wie er heute gehört und gelesen wird, so müßte man sagen: Er ist *affektiert*. Wenn man sonst von der Affektiertheit eines Pfarrers redet, denkt man vielleicht daran, daß er sich putzt und schminkt oder daß er mit süß schmachtender Stimme spricht oder die norwegischen R's rollt und die Stirne runzelt oder daß er sich anstrengt mit kraftvollen Gesten und erweckenden Sprüngen usw. Doch all dies ist weniger wichtig, wenn es auch immer zu wünschen wäre, daß er es nicht täte. Aber das Verderbliche ist, wenn der Gedankengang des Predigtvortrags affektiert ist, wenn seine Rechtgläubigkeit dadurch erreicht wird, daß man den Akzent auf eine verkehrte Stelle legt, wenn er zum Glauben an Christus auffordert, den Glauben an ihn auf Grund dessen verkündet, was überhaupt nicht Gegenstand des Glaubens sein kann. Wenn ein Sohn sagen würde: „Ich gehorche meinem Vater, nicht weil er mein Vater ist, sondern weil er ein Genie ist oder weil seine Befehle immer tiefsinnig und geistreich sind": so wäre dieser Sohnesgehorsam affektiert. Der Sohn akzentuiert etwas ganz Verkehrtes, akzentuiert das Geistreiche, das Tiefsinnige an einem *Gebot,* während bei einem Gebot gerade diese Bestimmung gleichgültig ist. Der Sohn möchte, bewogen durch den Tiefsinn und den Geistesreichtum des Vaters gehorchen, aber er kann ihm gerade deshalb nicht *gehorchen*, denn sein kritisches Verhalten in Richtung darauf, ob nun das Gebot tiefsinnig und geistreich ist, unterminiert den Gehorsam. Und so ist es auch Affektiertheit, wenn man soviel davon redet, vermittels des Tiefsinns und wieder um des Tiefsinns der Lehre willen, das Christentum sich anzueignen und an Christus zu glauben. Man lügt sich die Rechtgläubigkeit an, indem man etwas ganz Verkehrtes akzentuiert. Die ganze moderne Spekulation ist deshalb affektiert, weil sie auf der einen Seite den *Gehorsam* und auf der andern die *Autorität* abgeschafft hat und weil sie trotzdem rechtgläubig sein will. Ein Pfarrer, der in seinem Vortrag ganz korrekt ist, muß so reden, wenn er ein Wort von Christus anführt: „Dieses Wort ist von Ihm, dem, infolge seiner eigenen Aussage, alle Macht gegeben ist im Himmel und auf Erden. Du mußt nun, mein Zuhörer, mit dir selbst überlegen, ob du dich unter diese Autorität beugen willst oder nicht. Aber willst du es nicht, so gehe um Gottes und Himmels willen nicht hin und nimm das Wort deshalb an, weil es geistreich ist oder tiefsinnig oder wunderbar schön, denn das ist Gotteslästerung, das heißt Gott kritisieren wollen." Sobald nämlich die Dominante Autorität, die Dominante der spezifisch paradoxen Autorität, gesetzt ist, sind alle Verhältnisse qualitativ verändert, dann ist diese Art der Aneignung, die sonst erlaubt und erwünscht ist, Schuld und Vermessenheit.

Aber wie kann nun der Apostel beweisen, daß er diese Autorität hat? Könnte er es *sinnenfällig* beweisen, so wäre er gerade kein Apostel. Er hat keinen andern Beweis als seine eigene Aussage. Und so muß es auch sein; denn anders käme ja der Glaubende in ein direktes Verhältnis zu ihm, nicht in ein paradoxes. In den transitorischen Verhältnissen von Autorität zwischen Mensch und Mensch qua Mensch wird die Autorität in der Regel an der Macht sinnenhaft erkennbar sein. Ein Apostel hat keinen andern Beweis als seine eigene Aussage und höchstens seine Bereitschaft, um dieser Aussage willen alles mit Freuden leiden zu wollen. Seine Rede wird in dieser Hinsicht kurz sein: „Ich bin von Gott berufen; machet Ihr nun mit mir, was Ihr wollt, geißelt mich, verfolgt mich, aber mein letztes Wort bleibt mein erstes: Ich bin von Gott berufen, und ich mache Euch ewig dafür verantwortlich, was Ihr mit mir tut." Wenn es in Wirklichkeit so wäre, wir wollen es einmal annehmen, daß ein Apostel im weltlichen Sinn die Macht hätte, über großen Einfluß und mächtige Verbindungen zu verfügen, über Kräfte, durch die man über die Meinungen und die Urteile der Menschen siegt — wenn er sie dann gebrauchte, hätte er eo ipso seine Sache verspielt. Durch den Gebrauch der Macht bestimmt er nämlich sein Streben in wesentlicher Identität mit dem anderer Menschen, und doch ist ein Apostel nur, was er durch seine paradoxe Heterogenität ist, dadurch, daß er göttliche Autorität hat, welche er absolut unverändert haben kann, selbst wenn er, wie Paulus sagt, von den Menschen nicht höher geachtet wird als der Schmutz, auf den sie treten.

3. *Das Genie hat nur immanente Teleologie; der Apostel ist absolut paradox teleologisch gestellt.* Wenn anders von irgendeinem Menschen gesagt werden kann, daß er absolut teleologisch gestellt sei, dann von einem Apostel. Die ihm mitgeteilte Lehre ist nicht eine Aufgabe, über die er nachgrübeln soll, sie ist ihm nicht gegeben um seinetwillen, er hat im Gegenteil einen Auftrag auszuführen und hat die Lehre zu verkündigen und hat die Autorität zu gebrauchen. Sowenig wie der, welcher mit einem Brief in die Stadt geschickt wird, mit dem Inhalt des Briefes etwas zu tun hat, sondern nur diesen zu überbringen hat; sowenig wie der Botschafter, der an einen fremden Hof geschickt wird, irgendeine Verantwortung für den Inhalt der Botschaft hat, sondern sie nur richtig überreichen soll: so hat auch ein Apostel einzig und allein in seinem Dienste treu zu sein und seinen Auftrag auszuführen. Darin liegt wesentlich eines Apostels aufopferndes Leben, selbst wenn er niemals verfolgt würde, und zwar, „daß er, selbst arm, doch viele reich macht", daß er niemals sich Zeit oder Ruhe oder Sorglosigkeit schenken darf, um in guten Tagen, im otium, sich mit dem zu bereichern, durch dessen Verkündigung er andere bereicherte. Er ist, geistig verstanden, wie die unermüdliche Hausmutter, die kaum Zeit hat, selbst zu essen, da sie für die vielen Münder die Speisen bereitet. Und wenn er auch, als er begann, auf ein langes Leben hoffen durfte, sein Leben wird doch bis zum Letzten unverändert bleiben, denn es wird immer wieder andere geben, denen die Lehre zu verkünden ist. Wiewohl eine Offenbarung das paradoxe Faktum ist, das über den Verstand des Menschen geht, kann man doch noch so viel verstehen, was

auch überall sich gezeigt hat: daß ein Mensch durch eine Offenbarung dazu berufen wird, hinauszugehen in die Welt, das Wort zu verkündigen, zu handeln und zu leiden, im ununterbrochen wirksamen Leben eines Sendboten des Herrn. Daß dagegen ein Mensch durch eine Offenbarung berufen werden sollte, in ungestörtem Besitz dahinzuleben, in einem buchstäblichen literarischen Farniente, momentan geistreich und darauf Sammler und Herausgeber der Ungewißheiten seiner Geistreichelei zu sein: das ist nahezu ein blasphemischer Gedanke.

Anders mit einem Genie; das hat nur immanente Teleologie, es entwickelt sich selbst, und indem es sich selbst entwickelt, projiziert diese seine Selbstentwicklung sich als sein Wirken. Es bekommt dann schon Bedeutung, vielleicht sogar große Bedeutung, aber es ist nicht teleologisch im Verhältnis zur Welt und zu andern gestellt. Ein Genie lebt in sich selbst; und es kann humoristisch in einer zurückgezogenen Selbstzufriedenheit leben, ohne darum seine Begabtheit eitel zu nehmen, wenn es bloß, ohne Rücksicht darauf, ob andere davon Nutzen haben oder nicht, mit Ernst und Fleiß sich selbst entwickelt, seinem eigenen Genius folgend. Das Genie ist deshalb keineswegs unwirksam, es arbeitet vielleicht in sich selbst mehr als zehn Geschäftsleute, es erreicht vielleicht sehr viel, aber keine seiner Errungenschaften hat das außer ihr. Dies ist zugleich die Humanität des Genies und sein Stolz: die Humanität liegt darin, daß es nicht sich teleologisch im Verhältnis zu irgendeinem andern Menschen bestimmt, als wäre da jemand, der seiner bedürfte; der Stolz liegt in der Tatsache, daß es immanent sich selbst zu sich selbst verhält. Es ist bescheiden von der Nachtigall, daß sie nicht danach verlangt, daß jemand ihr zuhören soll; aber es ist auch stolz von der Nachtigall, daß sie überhaupt nichts davon wissen will, ob jemand ihr zuhört oder nicht. Die Dialektik des Genies wird besonders in unserer Zeit Anstoß erregen, wo die Menge, die Masse, das Publikum und andere so geartete Abstraktionen danach streben, alles umzustürzen. Das hochverehrte Publikum, die herrschsüchtige Masse will, daß das Genie ausdrücken soll, um seiner selbst willen oder um ihretwillen dazusein; das hochverehrte Publikum, die herrschsüchtige Masse sieht bloß auf die eine Seite der Dialektik des

Genies, stößt sich am Stolz und merkt nicht, daß dasselbe auch Demut und Bescheidenheit sein kann. Das hochverehrte Publikum, die herrschsüchtige Menge würde deshalb auch die Existenz eines Apostels eitel nehmen. Denn wohl ist es wahr, daß er absolut da ist um anderer willen, ausgesandt wird um anderer willen; aber nicht die Menge und nicht die Menschen und nicht das hochverehrte Publikum und nicht einmal das hochverehrte gebildete Publikum sind Herr oder seine Herren — der Herr ist Gott; und der Apostel ist der, welcher *göttliche Autorität* hat, sowohl der Menge wie dem Publikum zu *befehlen*.

Die humoristische Selbstzufriedenheit des Genies ist die Erhebung über die Welt, ist die Einheit dessen, eine unnütze Überflüssigkeit und ein kostbares Schmuckstück zu sein. Ist das Genie ein Künstler, dann vollbringt es sein Kunstwerk, aber weder er noch sein Kunstwerk haben ein τέλος außer ihnen. Oder es ist ein Schriftsteller, der jedes teleologische Verhältnis zu seiner Umwelt vernichtet und sich humoristisch als Lyriker bestimmt. Das Lyrische hat ganz gewiß kein τέλος außer ihm; ob einer eine Pagina Lyrik schreibt oder Folianten voll Lyrik, das macht keinen Unterschied in Hinsicht auf die Qualität seines Werkes. Der lyrische Verfasser kümmert sich nur um die Produktion, genießt die Freude der Produktion, vielleicht oft durch Schmerz und Anstrengung hindurch; aber er hat nichts mit andern zu schaffen, er schreibt nicht „um zu", um Menschen aufzuklären, um ihnen auf den rechten Weg zu verhelfen, um etwas durchzusetzen, kurz, er schreibt nicht: um zu. Und so mit jedem Genie. Kein Genie hat ein „um zu"; der Apostel aber hat *absolut paradox* ein „um zu".

www.ingramcontent.com/pod-product-compliance
Lightning Source LLC
Chambersburg PA
CBHW032105300426
44116CB00007B/892